U0106437

與母親及大妹拍攝於赴港前

與基德小學同學郊遊（左起第五位）

與經濟系同學於聯合書院入口處

與經濟系同學聚餐

與歷史系同學在校園

中大港大畢業生臺灣之旅

在湯若望宿舍前面草地花園

與經濟系及管理系同學於聯合校園

1977 年夏天於華盛頓白宮外

與未來太太在加州海灘

黃石公園騎馬

在佛州家與子女玩耍

於香港科技大學廣場入口「紅鳥」（日暑）

與哈佛大學前校長 Larry Summers 及港中大前講座教授、諾貝爾經濟學獎得主 James Mirrlees 在南丫島共進晚餐

與科大創校校長吳家瑋及創校校董會主席鍾士元博士交談（其他人包括創校校董會副主席鄭漢均、前公開大學校長黃玉山及理學院前院長鄭紹遠）

EMBA 課程排行全球第一慶祝會上與主禮嘉賓、時任特首曾蔭權合影
（左起第一位為李兆基博士）

2011 年 12 月參與美國前總統 Jimmy Carter 夫婦訪港活動（右起第一
位為嶺南大學前校長陳玉樹）

嶺大五十週年慶祝晚宴（主禮嘉賓為時任特首林鄭月娥，其他貴賓包
括前特首梁振英、大學資助委員會主席唐家成、特區行政會議時任召
集人陳智思，居中者為嶺大校董會時任主席歐陽伯權）

2013 年 9 月於嶺大迎新典禮致辭

2019 年在北京參加國慶七十週年慶祝活動

校園元旦升旗典禮

發佈任內第三份策略發展計劃（居中者為嶺大校董會主席姚祖輝）

2023 年 5 月 13 日參加聖公會基德小學六十週年校慶開放日（左起第五位）

「紅們夜宴」

為鄭校長做口述訪談（左起：劉光臨、鄭國漢、毛升、張雷）

港人自講

鄭國漢
口述自傳

毛升 撰寫

目錄

鄭國漢
簡介

　　鄭國漢教授為經濟學者，曾任香港嶺南大學校長十年（2013—2023 年），在那之前他在香港科技大學服務二十一年（1992—2013 年），其中最後六年多出任商學院署理院長及院長。

　　鄭教授出生於廣東省汕頭市潮南區（當時為潮陽縣）臚田鎮沙壠鄉東波村，於 1961 年跟隨母親及大妹移居香港，與父親團聚。他畢業於（位處黃大仙區的）聖公會基德小學、拔萃男書院、香港中文大學聯合書院。鄭教授於 1975 年獲得香港中文大學經濟學社會科學學士（一級榮譽），後到美國柏克萊加州大學（University of California-Berkeley）深造，獲取經濟學碩士（1977 年）及哲學博士（1980 年）學位。於柏克萊畢業後，鄭教授受聘於佛羅里達大學（University of Florida），直至 1992 年秋季加入香港科技大學，共十二年。

作為香港科技大學創校成員之一，鄭教授歷任商學院經濟系教授、講座教授、哲學博士課程主任、工商管理碩士課程主任、系主任、副院長、署理院長及院長等學術及行政職位。在擔任商學院署理院長及院長期間，商學院與美國西北大學凱洛格管理學院（Kellogg School of Management）合辦的行政人員工商管理碩士（EMBA）課程，連續五年被英國《金融時報》選為全球最佳行政人員工商管理碩士課程，其間只有一年（2008 年）排行全球第二。此外，商學院的全日制工商管理碩士（MBA）課程於 2010 至 2013 年亦連續四年被《金融時報》評為全球前十名的工商管理碩士課程。

在鄭教授擔任嶺大校長期間，大學除了總體研究成果取得長足進步之外，也建立成為亞洲位列前茅的博雅大學，備受地區和全球博雅大學界尊敬。嶺大對於教育質量的追求，鍥而不捨。在香港大學界，嶺大學生對其教育質量相對更加滿意。此外，在以聯合國可持續發展目標為基礎的泰晤士高等教育大學影響力排名（THE Impact Rankings）中，嶺大在「優質教育」目標一項連續四年（2020—2023 年）獲得全球前三位的排名，印證其為亞洲首屈一指博雅大學的地位。

鄭教授的研究領域包括應用博弈論、市場結構分析、科技創新與模仿、國際貿易、外商在華直接投資、中國對外直接投資及貨幣危機等。鄭教授曾於多家國際著名的經濟學術期刊發表論文，並曾擔任 *Journal of International Economics*

（中譯《國際經濟學報》）及 *Pacific Economic Review*（中譯《太平洋經濟評論》）副編輯。此外，鄭教授也曾在其他國際學術期刊擔任客座編輯和編輯委員會委員。

鄭教授熱心服務社會，曾擔任海內外多間地區性或全球性機構的顧問。

在香港，鄭教授承擔二十多個政府部門、法定機構和其他公共機構的諮詢和決策工作，其中比較重要的包括香港政府財政司「經濟諮詢委員會」、「證券及期貨事務監察委員會」非執行董事，證監會投資者教育中心主席，香港特別行政區「經濟發展委員會」、「競爭事務委員會」、「行政會議成員、立法會議員及政治委任制度官員薪津獨立委員會」、「策略發展委員會管治及政治發展委員會」、「廣播事務管理局」、「臨時最低工資委員會」、「策略性污水排放計劃檢討國際專家小組」及「人力發展委員會」成員。

基於其在香港的公共服務，鄭教授自 2007 年起被香港特區政府委任為太平紳士，也在 2016 年授勳典禮中獲得特區政府頒發的銅紫荊星章。

序一

雷鼎鳴 *

香港科技大學經濟系前系主任

　　我喜歡閱讀自傳及口述歷史。一個天涯路客走到一個地方，若能如實地把所見所聞記敘下來，能印證並豐富當地的歷史。倘若這名路客善於用自己的眼睛敏銳地觀察世界，那麼他的回憶更會有巨大的價值。十九世紀初法國思想家與外交家托克維爾（Alexis de Tocqueville）跑到美國考察了十個月，寫下了記述與分析並重的經典名著《民主在美國》，便是典範。

　　鄭國漢校長的口述自傳蘊藏了大量資訊與智慧。我認識國漢兄剛好四十年，算是老朋友了，交流也不少。但回想起來，大家談的多是經濟學或校內事務，較少涉及個人的過去。看了這本口述自傳，我才得知原來他也是童年在徙置區

---

* 澳門科技大學發展經濟學研究所所長、講座教授；香港科技大學經濟系前系主任、商學院前副院長、榮譽大學院士。

靠艱苦奮鬥成長起來的學者。

近十餘年香港政治環境丕變，朋友當中，常有互相比拼誰人童年時的家庭更窮。這種「鬥窮」有點搞笑，但它卻體現出不懼起點低，只要能奮發向上便值得驕傲的獅子山精神，比起那些要靠父母蔭庇才能財大氣粗之輩，更值得尊敬。

國漢兄的歷史又何止是勵志故事！他是優秀的學者及時事評論人，對經濟學有原創性貢獻。不要忘記，他也是傑出的大學管理人員。香港科技大學的商學院從初生嬰兒迅速成長為世界知名的商學重鎮，有些課程還長期站在世界頂峰，這都離不開陳玉樹、陳家強與鄭國漢三位前院長的理念與管理策略。我時有被人問及科大商學院成功的秘訣，但我素來不善行政管理，對科大的成功之道只是一知半解，唯有支吾以對。國漢兄是當事人，肯在本書中現身說法，對大學管理感興趣的讀者當能找到其中妙處。

國漢兄 2013 年離開科大到嶺南大學任職校長，看似突然，但也許冥冥中有其因緣。早在十多年前，陳玉樹、陳家強、鄭國漢、譚嘉恩、陳家樂幾位科大商學院歷任院長便常在位於中環的嶺南會所「密敘」，討論學界大事，不知為何，我也能敬陪末座，得益匪淺。國漢兄在玉樹兄健康出現問題後慨然答允到嶺大接過火炬，其心路歷程也許並非無跡可尋。

　　在嶺大的鄭國漢，除了制訂學術標準及發展大學的策略外，尚要直接應付極端分子激進政治入侵校園所帶來的威脅，朋友都不禁要為他處於風口浪尖而捏一把汗。要化解這種挑戰，需要很高的道行，讀者看此書，不但可領會到鄭國漢校長的智慧，亦可對前幾年黑暴分子在校園肆虐的歷史多了一份珍貴的第一手資料。

　　是為序。

序二

林毅夫 *

世界銀行前首席經濟學家

　　鄭國漢教授的口述自傳完稿，即將出版。他發來電子郵件邀請我為此書作序，我欣然答應。一來我們曾是同事、多年好友，在工作上鄭教授給過我諸多幫助、勉勵和支持；二來我們恰好生於同一年，他出生於大陸沿海的廣東汕頭，我出生於隔海相望的臺灣宜蘭，小時候我們經歷了同樣貧困的艱難歲月，憑著個人的努力和幸運，我們都接受了良好的教育，在美國的名校拿到博士學位，走上了學術的道路，並且我們都沒有忘記以所學貢獻於鄉梓的初衷。鄭教授的口述談及他從出生到擔任嶺南大學校長的成長歷程、所作所為和切身體驗，為鄭教授的書作序，正好給了我重溫我們的時代、我們走過的道路的機會，並為鄭教授所談

*　北京大學新結構經濟學研究院院長，南南合作與發展學院院長，芝加哥大學博士，曾任世界銀行首席經濟學家。

的事提供一個大時代背景。

我們出生的 50 年代在中國的歷史上是一段充滿著革命浪漫主義和艱辛血淚的歲月。1840 年的鴉片戰爭中國敗於英國，簽署了《南京條約》，割讓了香港，此後一系列喪權辱國的條約使得中國從一個文明鼎盛的天朝大國淪為人為刀俎我為魚肉的半殖民地。我的家鄉臺灣也是在那樣的大時代背景下，於 1895 年的甲午戰爭後割讓給了日本。中國知識分子歷來以天下為己任，經過從曾國藩、李鴻章、左宗棠、張之洞等的洋務運動，康有為、梁啟超、孫中山、黃興等的變法維新和民主革命，陳獨秀、李大釗、胡適等的五四新文化運動，以及後來的北伐、抗戰和社會主義革命等幾代知識分子領導全國人民的共同努力，終於迎來了 1949 年社會主義革命的成功，毛主席在天安門上向全世界宣告中國人民站起來了。建國後，為了「十年超英，十五年趕美」，中國政府採取計劃經濟的體制讓中國得以在一窮二白的基礎上試爆原子彈、發射人造衛星，國防實力的增強保證了中國可以走自己的道路，不再受外來的欺凌，不過也導致了 50 年代末 60 年代初的三年饑荒和民生事業的滯後，人民過著「新三年舊三年縫縫補補又三年」的貧困日子，生活水平長期得不到改善。鄭教授 1961 年偷渡香港就是在那個大時代背景下廣東一些居民的選擇，有百多萬人以同樣的方式到了香港，大陸這種貧窮落後的面貌只有到了 1978 年底鄧小平開啟的

改革開放以後才得以改觀。

初到香港時，作為難民，鄭教授的日子也不好過。教育歷來是底層人民以自己的努力改變個人命運的一條路徑，鄭教授是這樣，我也是這樣。鄭教授到了香港以後，經過個人的不懈努力，從小學到大學都取得了優越的成績，並幸運地得到了「邵逸夫獎學金」的贊助於 1975 年到柏克萊加州大學攻讀博士學位，1980 年加州大學畢業後到了佛羅里達大學任教。雖身在美國，鄭教授不忘以所學幫助中國經濟學教育的現代化，1988 年到上海復旦大學為普林斯頓大學鄒至莊教授主辦的「福特基金會經濟學培訓班」授課。我則於 1979 年從臺灣渡海到大陸進了北京大學學習，1982 年到芝加哥大學經濟系攻讀博士學位，畢業後到耶魯大學經濟增長中心做了一年博士後，1987 年回到北京大學工作。1988 年鄭教授在復旦授課時，抽空到北京來訪問，我們見了面，開啟了至今三十多年的友誼。

中國大陸在改革開放以後，經濟取得了奇蹟式的增長，只要繼續保持增長的態勢，到本世紀中葉，自鴉片戰爭以來幾代人追求的中華民族偉大復興的目標必能實現。世界經濟中心向來是世界的文化中心，民族的復興不僅是經濟的發達，同時，也需要學術的繁榮。1991 年香港科技大學成立，成為香港，乃至全中國最好的研究型大學之一，在創校校長吳家瑋領導下制定的用人、教學、科研制度成為後來香

港和內地許多大學為提高學術水平、爭創世界一流大學的學習樣板。

1992 年鄭教授應邀加入香港科技大學，成為創校成員之一，歷任經濟系教授、系主任、商學院院長等職。鄭教授是一位懂教育、有親和力又能堅持原則的學術型領導，在他的領導和一批有共同理想的同仁的共同努力下，香港科技大學的經濟系和商學院在很短的時間裏成為亞洲排名第一、躋身世界前列的經濟系和商學院。我也有幸在 1995 年應聘到科技大學經濟系擔任教授，鄭教授是我的領導也是同事。

2013 年鄭教授應聘到香港嶺南大學擔任校長，到今年 8 月卸任，前後十年，這十年是最能展現鄭教授的見識、智慧和領導能力的十年。嶺南大學的前身是由美國長老會於 1888 年創立於廣州的格致書院，1903 年改名為嶺南學堂，1952 年內地高等院校調整，嶺南大學的校園變成了中山大學的校園，原有的科系併入廣州其他院校而正式解體。其後香港嶺南大學校友會為嶺南大學的復校作出不懈努力，1969 年借用嶺南中學的教室招收專上學生，1978 年成功向香港教育署註冊成立從事專注於本科博雅教育的嶺南學院，1999 年正式更名為嶺南大學，成為香港政府資助的八所大學之一。

2013 年鄭教授出任嶺南大學校長時面臨的挑戰遠比

1992 年到新成立的科技大學參與創立經濟學系和商學院時棘手。科技大學是一所新成立的學校，可以在一張白紙上按創始成員的理想採用最有利的制度來推動研究型大學院系的設立。而嶺南大學到 2013 年時已經復校了四十多年，存在許多和成為世界一流的博雅教育大學相違背的老體制，不改革不符合時代的希望，要改革則會觸及許多既得利益，遭到各種意想不到的明的暗的阻擾，尤其在一個重視民主程序的大學更是如此。鄭教授經過仔細調研，充分溝通，調動多方積極性，修舊章立新制，利用香港學術自由和與國際社會聯繫緊密的優勢，很短時間裏就在落實嶺南大學專注本科高質量教育的博雅辦學理念上取得了顯著的成效。2023 年「泰晤士高等教育大學影響力排名」中「優質教育」方面，嶺南大學位列亞洲第一，世界第二。鄭教授在嶺南大學推進的改革可以說是十年有成。

鄭教授在嶺南大學推動改革除了來自學校內部既得利益的阻力之外，還恰逢自 2003 年以來香港因為基本法第 23 條立法和特首普選的問題，在外部和內部少數反中勢力的操弄下，香港彌漫各種自說自話、邏輯混亂、罔顧事實的輿論，造成香港社會的思想混亂，不少年輕純真的大學生受到蠱惑。鄭教授因其理性、客觀的言論經常在媒體上被群起而攻之。2013 年 6 月作為校長候選人到嶺南大學第一次與師生見面時就遭到激進學生不斷地狂噓阻擾，高呼口號，以其

任命沒有經過學生票選而不給予承認。2014 年 8 月人大常委會通過香港特首的選舉辦法，一些勢力反對獲選人需要通過一千二百人組成的提名委員會推薦以保證獲選人是愛港愛國人士為由，在 9 月到 12 月間發動了曠日持久的非法「佔領中環運動」，冀圖以癱瘓香港經濟來向中央施壓。香港 8 所大學的聯合學生會也鼓吹罷課來抗議。在非法「佔領中環運動」目標未能得逞後，香港各個大學都面臨愈演愈烈的學生鼓吹港獨的問題，最終演變成了 2019—2020 年間的動亂，香港多所大學成了重災區，校內設施遭受嚴重破壞。幸而鄭教授及時完善了嶺南大學的校規，禁止學生在校內集會討論或鼓吹港獨，校內的設施得以免遭重大破壞。

鄭教授在嶺南大學內部推動各項制度改革所遭遇的困難，是中國四十多年來經濟改革開放所面臨的內部困難的一個縮影，遭逢的 2014 年香港社會的非法「佔領中環運動」、2019—2020 年的動亂則是源於外部勢力利用青年學生和部分人士的認知誤區試圖在香港掀起顏色革命，這個挑戰猶如當前世界百年未有之大變局下外部勢力不時以各種藉口強加在中國的風高浪急、驚濤駭浪的打壓。

對於自發的改革，不管是在嶺南大學、在香港、在內地，只要實事求是地認清問題的癥結、發展的方向、阻力何在、可動員的力量是什麼，做好謀劃，保持定力，有序推進，終能有成。

　　對於在百年未有之大變局下消除外部勢力對社會大眾的蠱惑，尤其要避免充滿理想主義的青年學生做出親痛仇快的事來，需要在理論上講清楚說明白生我們養我們的社會存在的諸多不足的根源，讓社會大眾了解這些問題需要社會上下勇於面對，針對其原因，不斷完善，但是並非那些外來理論、外部勢力所宣揚的只要採取和發達國家相同的所謂先進的制度一切問題就會迎刃而解。發展中國家在現代化的進程中普遍存在根深蒂固的「西天取經」的心態。現在各個大學裏社會科學所教的是盛行於西方發達國家的理論，這必然以產生這些理論的西方發達國家的發展階段、政治、經濟、社會、文化條件作為暗含前提。這些暗含前提在發達國家若發生從「量變」到「質變」的轉化，盛行一時的理論就會失掉「認識世界、改造世界」的功能而被新的理論取代。所以，發達國家盛行的社會科學理論在發達國家並非「百世以俟聖人而不惑」的真理。發展中國家的發展階段、政治、經濟、社會、文化等等條件有別於發達國家，這些理論在發展中國家也未能「放諸四海而皆準」，拿到發展中國家來運用不可避免地會出現「淮南為橘，淮北為枳」的現象。縱觀近代以來的歷史，尚未有一個發展中國家照搬發達國家盛行的制度或按發達國家盛行的理論制定政策而成功追趕上。少數成功追趕上的發展中國家在追趕階段的制度不同，採用的政策從發達國家盛行的理論來看一般是錯誤的。但是，由於發展中

國家和任何國家一樣不可避免地存在許多問題，在制度上也和發達國家有諸多差異，發展中國家的社會精英接受了發達國家盛行的理論並認為其制度是先進時，很容易自覺不自覺地把發展中國家存在的各種問題歸因於缺乏發達國家先進的制度並且不按發達國家的理論制定政策所致。在發展中國家以發達國家盛行的理論作為批判社會的武器很有說服力，但是，真付諸實踐則屢屢好心幹壞事，使得社會出現混亂、退步甚至崩潰的後果。要讓我國的社會大眾尤其青年學生推動國家現代化的熱情能夠同心協力用於推動國家經濟社會的進步，需要中國的社會科學工作者從「西天取經」轉向自主理論創新，深入了解自己的國家和其他發展中國家在現代化進程中的成功和失敗的經驗背後的道理、學理、哲理，構建新的不僅能夠幫助人們認識自己社會存在的問題的原因，而且能夠成功地指導實踐，推動自己國家政治、經濟、社會進步的社會科學自主理論體系，以此新的理論來破除西方的話語霸權，教育青年學生，引導社會輿論。

生於憂患死於安樂，是中國知識分子的一個理想。鄭教授和我都算得上生於憂患，幸運的是在我們成長、工作的階段國家總體穩定，社會經濟不斷發展，並且能夠在自己的工作上取得一些成績。中國現在距離中華民族偉大復興夢想的實現比鴉片戰爭以來的任何時期都更加接近，行百里路者半九十，未來在民族復興的征程上面臨的困難挑戰和考驗也會

比過去更多。鄭教授今年 8 月底從嶺南大學退休後，不再從
事行政工作，會有時間靜下心來從事學術研究。現代的醫療
條件，讓年過七十的人尚不知老之將至，我們相識相交已經
有三十五年，期盼與鄭教授相互勉勵，再工作三十年，攜手
推進總結自中國近代以來發展轉型成敗經驗的經济學自主理
論創新，以貢獻於中華民族偉大復興的最終實現。

2023 年 8 月於北京大學朗潤園

第一章 青少年時代

內地生活

1952 年，我出生在汕頭市的潮陽縣沙隴鄉東波村。我記得小時候經常替我祖母拿放置香、油和齋菜的竹籃子，跟她到不同寺廟去拜佛、拜菩薩、拜潮汕地區著名的祖師公，也學會了唸幾句經文。可能出於這個原因，在眾多的孫輩之中（祖母有四個兒子和三個女兒），她似乎相當疼惜我。

至於比較清晰的記憶，開始於人民公社運動時期。大概在 1958 年之後，我們村的生產隊成立了公共食堂，「吃飯不要錢」，「飯不夠再煮」，試點「向共產主義過渡」。現在我們知道，大躍進最後導致了大饑荒。但是作為一個孩子，我當時的感受跟今天的很多人說的不太一樣。在人民公社裏，大家一起吃飯，我覺得很開心。當然，今天看來那是一齣很荒唐的鬧劇，我們都把自己家的飯桌搬到人民公社食堂裏，大家一起吃。我們平常在家裏吃飯，只有過節的時候，才能吃到白米飯，平常就是吃稀飯，再加點番薯嘛。到了人民公社，大家都一下子過上好生活了，天天吃白米飯，無限制地吃，不夠就再煮嘛，我們吃得興高采烈。所有社員從家裏把米拿過來，本來要吃一年的大米，可能三四個月我們就把它消滅了。

到了第二個階段，糧食不足，食堂就改變政策，不再煮飯，只是煮稀飯，而且不是隨便想吃多少就吃多少。稀飯煮

好後，每人分一份，按照年齡大小，成人跟孩子領到的份量不同，然後再拿到自己的桌子上去吃。慢慢地，這個意思就不大了，最後食堂解散，大家就把飯桌搬回家了。我那時候還是小孩子，不需要去擔憂吃飯問題，這是大人們操心的事情，所以我當時覺得還是蠻好玩的。

大饑荒發生後，很多人日子過得很苦，但我們家還好，因為我父親在香港。他經常從香港給我們郵寄東西回來，比如豬油、麵粉、糖、舊衣服、洗臉的面巾（有些人把面巾用來做包裹袋，裝其他東西）、打火機和火石等等。因為有了這扇「南風窗」，我們的生活還是過得去的。雖然我聽說有些地方發生了大饑荒，比如我的表哥告訴我們，他從北方坐火車回來，看到很多流離失所的難民，有很多乞丐。但因為我們那裏沒有饑荒，再加上父親的關係，我們家的生活不算太壞。米飯吃不飽，我們還可以吃魚，畢竟我們家在海邊，水產豐富，價錢也不貴。儘管那些魚也不算是好的魚，最常見的是小剝皮魚，但也是有營養的。實在還餓的話，那就加一個番薯。因此我在內地的生活還是蠻開心的，也不知道煩惱。

我在內地上學上到了三年級上學期。在鄉村學校上學，很輕鬆，沒有多少功課。大躍進時期，基本物資非常短缺，老師要跑到縣城裏去給我們買筆記本、鉛筆。每個同學一個學期就一本筆記本，所以寫字都不能寫大了，否則就不夠空間做作業了。當時鉛筆的質量很差，寫幾下就斷了。除了筆

芯容易斷之外，筆身的木料不但黑，而且有孔。我們開玩笑說它是棺材木做的，不是真正木頭做的。我們功課比較少，白天就聽老師講點課。我還負責耕地種菜，菜有收成就拿去市場賣，這個錢就是用來支付我們班活動的費用。

我對這所鄉村學校的情況已經記得不是很清楚了，但我們的學校應該不大，學生不多。因為曾經有一段時間，我們要到旁邊一個叫做東仙的鄉或者村去上課，我們還因此抗議過，因為路太遠了。後來我們回到東波村上學。我記得我們的學習是輕鬆的，課餘時間，我們可以去小溪抓魚。學校還發動我們今天去支援這個家庭，明天幫助那個家庭下田幹活、除雜草、踩水車。上課學的東西應該不多，老師們上課就聊聊以前的工作經驗、人生經歷，吹吹牛。記憶中好像有一位老師當過兵。我們當時也開始學普通話，因為我們潮州人平時只講潮州話。有時候我們玩遊戲，例如學生分兩隊，第一隊先出發，不說去哪裏，但留下痕跡給第二隊追蹤。總之，在農村讀書沒有多大的壓力，很開心。

偷渡香港

1961 年，我九歲的時候，我們全家從老家來到香港。剛才講到我父親在香港，他就在我三姑媽的雜貨店裏面打

工。我父親在國共內戰前就在香港，後來回內地結婚生孩子，就沒回香港。本來可能也沒有想到要回香港，但是1958年那種情況實在太艱苦了，他決定回到香港打工。那時候要合法地去香港，必須要領到一份申請表，填完表格後，獲得政府批准，你才能來香港。如果沒有申請表的話，根本就什麼都不用說，只能偷渡。在我們老家，大家都知道我父親在香港生活工作過，現在要回去，所以他能領到申請表，並獲得了政府的批准。我們後來移居香港，也是因為我父親是香港的「華僑」，拿到了申請表，獲得了政府的批准。那時國家的政策對華僑家庭有一定的優惠，只要你有家人在香港，就可以申請來港。到香港與父親團聚的申請獲得批准後，我和媽媽及妹妹就動身去香港。

當時內地人進入香港大概有三種方式，一種是坐火車到羅湖，再入境香港。當時香港方面每天給予從大陸入境長期居留（所謂單程證）的人數是有限額的，不是內地政府批准了就可以合法入境，而內地政府批准的人數遠遠超過了香港方面的限額。那些超額的人，怎麼進入香港呢？當時，還有第二條路可以走，我們就是走這條路。我們先從潮陽出發坐車坐船到汕頭市區集合，接待的人員介紹國家的政策，具體內容不記得了，但記得講到呼籲到香港和國外（例如泰國，那邊的華僑大多是潮州人，柬埔寨也是）的人往後繼續支持國家。從汕頭坐長途汽車到廣州市，途中經過惠州的博羅，

第一次吃客家人的梅菜。之後從廣州到珠海的拱北，再從拱北關進入澳門，然後澳門那邊安排我們偷渡香港。其實，這種入境香港的方式需要各方合作，前一個環節的組織者把我們這批人交給偷渡集團。偷渡集團不是免費白做的，我家每個人交給偷渡集團的錢，可能就是我父親幾個月的薪水。

我跟母親、妹妹一同進入拱北關口，然後在澳門住了下來。因為這是半公開的事情嘛，我父親跟香港的親戚們也都收到通知了。父親買了些東西到澳門看望我們，又找到澳門這邊負責偷渡我們的人打招呼。其他人的香港親戚也來探望計劃偷渡到香港的人，有些買了口香糖給他們嚐鮮。只能咀嚼卻不能吞下的口香糖，我這輩子第一次見識。到香港後，我還見識了更多的新東西，例如在潮陽沒有見過的蘋果。

偷渡公司的人就跟我們說，你們不用擔心，很快就安排你們坐船去香港。有一天早上，真的就輪到我們了。那是我這輩子最難受的一天。天還沒有亮，我們帶了行李到一條澳門的漁船上，船的規模還是比較大的，我們大概十幾二十個人坐在船底。因為我沒出過海，暈船暈得很厲害，從一大早到下午，也不知道漂了多少時間，總之是處於半死的狀態，非常辛苦。接下來，我們再換到一條香港船上，晚上在香港靠岸。偷渡集團叮囑我們，船一靠岸，我們就要往上衝。於是船一靠岸，我們就拼命地衝。衝上去後，我發現岸邊附近已經停了好幾輛小車，把我們載到各自家裏。看來偷渡集團

有相當規模，既是非法走私，又像半官方性質。

　　這種偷渡的方法跟香港當時的移民政策也是相互配合的，那個政策就是所謂的「抵壘政策」，我當時不知道，是後來才知道有這個政策。那一次，我也第一次認識到中文文字的好處。因為我跟母親、妹妹走散了，她們進了一輛車，我進了另外一輛車。那些開車接應的人，也不知道我這小孩子應該送去哪裏。我不會講粵語，講潮州話或者國語都沒法交流。幸好我認識字，就把父親的名字和地址都寫了下來。雖然語言不通，但是我們可以透過寫下來的文字交流。從那時候開始，我就深深感受到中文雖然讀音不一但書同文的好處。

　　第三種進入香港的方式，就是非法離開內地，再非法進入香港，有爬山的，也有從水路游泳的，兩邊的邊防軍都可能開槍攔阻非法移民。我讀大學時有一位同學，也是潮州人，當過紅衛兵，在武鬥中輸給敵對紅衛兵組織後就游泳逃亡到了香港，在宿舍裏聽他講紅衛兵故事是蠻有趣的。

我的中小學

　　我們來香港後，大部分時間就住九龍城和新蒲崗之間的一個地方，叫做東頭村。那個地方現在還叫東頭村，但是我

們住過的那些房子現在都拆了，重建了新的。我唸小學、中學的時候，那個地方就叫「東頭村徙置區」，除了九龍城寨之外，其他的平房基本上都沒有了。早期住在那些平房或破破爛爛寮屋裏的人，在清拆之後大家就搬到樓高七層的徙置大廈裏去。

那我們是怎麼得到這樣的房子呢？這種徙置區起源於1953年的石硤尾大火，之後政府開始興建多層式大廈安置災民。我們那個地方的樓宇一般是七層高，可能是電梯的成本太高，這些徙置大廈都是沒有電梯的。七層應該是無電梯樓高的極限，我們叫它「七層大廈」。香港政府開始清拆平房及寮屋，分派這些房子之後，香港部分老百姓就開始藉機發財，寮屋也是越拆越多。當時，假如你有房子被香港政府拆了，那你就發財了。

我們租住的房子的房東也是一位潮州人。她知道政府即將清拆她的房子後，就把房子分租，拆遷後她家和租客都可以獲得分房。她把原來的一個廚房改為上下兩個出租單位。本身這個廚房就很小，小到連張正常的床都放不進去。如果要把床放進去，就必須把床板鋸短，因為我們還需要地方放「火水爐」（煤油爐）用來煮食。就這麼小的廚房，還一分為二。我父親住在雜貨店裏守店，我和母親、妹妹三口人就住廚房的下半部分。廚房的上面部分，房東還要搞個閣樓出來，再租給另外一家人。這家人只是那裏的名義租客，並不

真在那裏住。他們實際上是住在旁邊的九龍城寨，在家裏用機器織毛衣。他們也是潮州人，之所以要租那種「房子」，不是因為那裏真的可以住下他們一家三口，而是在等政府下一步安置。房子拆了就可以由政府解決住房問題了。房東樓上還有一個房間，她把它租給第三家人，是在寫字樓工作的白領。相對我父親雜貨店店員和母親紗廠女工（每班十二個小時）的工作，白領是令人羨慕的工作。但和我們一樣，他們真的也是住在平房裏的。

　除了自住外，房東把房子的其他部分拿出來分租給三家人，賺了不少錢。她收取的錢不只是多少個月的市值租金，而是一筆可觀的金錢。當然我們是不太願意住在小廚房裏的，但我們也能藉這個機會，享受政府將來安排的徙置房。政府徙置房的租金很便宜，房子雖然簡單，甚至可以說簡陋，但質量好，是用鋼筋水泥造的，很結實，不用擔心颱風會將房子颳倒。

　我們能分到這樣的徙置房，很開心。我們原來的房東當然更開心了，她通過這麼一番操作，除了從三個租客拿到幾筆租金之外，後來分配到的房子不但是面積最大的，而且還有大露臺。不記得她有沒有成功分到一個舖位，但相信她嘗試申請過，因為她在家裏放了多個裝糖果餅乾的玻璃罐，說她家樓下的廳就是一個小商店！這可能就是我們中國人的生存智慧。

徙置大廈可以說是香港獨有的時代產物。徙置大廈的房間分成一格一格，房子不是很寬，空間窄窄的。房間外面的走廊很長，四通八達，家家戶戶都與走廊連接，幾乎所有家庭都在家門口的走廊擺放一個放置火水爐和鍋的箱子，但不妨礙行人通過。房間裏沒有衛生間和廚房，大家都要用公共水龍、浴室和廁所。

一家人口必須足夠多，才能分到一整個單位。一個單位通常用沙磚分成兩邊，隔成兩個小單位，大小不同，分配給兩個不同家庭。這道分隔牆最高處的部分不是密封的，讓空氣可以流通，但隔壁大聲說話是可以聽到的，私隱度不足。那些房子的租金只分幾個級別，你只要說家裏要交多少錢的租金，大家就知道你的房子有多大。如果家庭成員較多，就可以租到整個單位，裏面就可能搭建兩三個房間。如果你們家的家庭成員少，比如我們只有四個人，再加上未夠十歲的兒童當成半個成人，我們就只分到整個單位的三分之一左右。整個單位一個月的租金一共是 28 塊，如果分成兩間，每家要交 14 塊。我們家是最小的單位，交 10 塊錢。要拿到更大的單位，家裏就必須加添子女。後來，我的妹妹和弟弟出生了，我們家就申請擴大住房，最後也搬到那種要交 14 塊租金的單位裏去了。

內地的小學不是很正規，但到香港後，上的就是相對正規的學校了。剛來時，因為不會粵語，我不是很適應，報讀

的班級比在農村時後退了一年。我上課可以跟老師說點普通話，他們也會一點普通話，尚能交流。但說到英語，我可就「死」了。我以前完全沒接觸過英語，最怕上英語課。全班同學齊聲朗讀的話，我也可以跟着一起唸。但是老師叫我獨自站起來朗讀，我就不會唸了。證明我唸英文課本是假的，有點像濫竽充數。

我最初開始唸書的地方，是「天臺小學」。天臺小學是香港非常特別的一種現象。大部分天臺小學都開辦於 1950 年代及 1960 年代，這段時間香港出現了嬰兒潮，再加上大量移民進入香港，導致人口激增。政府缺乏資源投放教育，官立學校學額嚴重不足，私立學校學費太高，一般家庭無法負擔。好在徙置大廈上面有天臺，於是一些志願團體或宗教團體就在天臺設立小學，這成為當時一般家庭的兒童接受教育的途徑。早先我就在天臺小學讀過一段時間，應該是一個到兩個學期。記憶中，該學校似乎是浸信會辦的，我印象最深刻的就是它不知道有什麼神通關係，居然能夠安排包括我在內的一批小學生登上一艘美國軍艦參觀，而且還在艦上接受冰淇淋的招待。那是我第一次吃冰淇淋，超喜歡。

當時能進天臺小學也已經是不錯了。不久，出現了很多更好的學校，天臺小學就沒有生存空間了。我對就讀的天臺小學也不是很滿意，父親就帶我去外面找學校。有一天我們經過一所學校，名叫基德小學，是聖公會辦的，位處新蒲崗

旁，同時也在東頭村和黃大仙的交界。進去問了有沒有空位招生，他們就收了我，四年級下學期開學。於是我就從三年級的上學期跳到四年級的下學期，追回我降級的時間。我在內地的中文、數學還是可以的，但英文是真的沒有學過，因此完全不懂。我很幸運，基德小學對學生管教很嚴，給我一個很好的起點。有一次在學校補習後，我沒有回家，跟同學一起在學校外面的空地踢足球，被學校發現，受記過處分。老師責備我們：「你們為什麼不回家？回家用功去！」

我那時候唸書非常用功，除了做學校的作業，我還學習從書店買來的中英數教材，做相關的作業。所以我的成績不錯，第一年進去，就拿到全班第一，把原來第一名的學生氣得轉學了。但是我的英語還是不太行，就去一所叫「易通」的夜校補習英文，但好像沒有取得什麼進步。後來我父親找到朋友的一個侄子，由他來單獨教我，我的英文從那個時候開始上了軌道。

小學畢業之前，我參加升中會考。那年的升中會考，有三萬多人參加，同一張卷子，全香港凡是要報考中學的小學生都要考的。我沒有辜負老師的教導和加班補習，會考成績是全港第一百幾十名。當時的會考制度容許考生報讀任何一所學校，不分區，只要你的成績夠好，你就能去心儀的學校，不管它離你家多遠。上面說過，基德小學校是聖公會辦的，小學的校監就是拔萃男書院的校長。基德小學地方小，

所以有機會就去男拔萃辦年度運動會，那裏地方非常大，我非常喜歡。所以升中考試報名時，男拔萃就是我的第一志願。當時的報紙，都會把成績刊登出來，只要用考生號就可以查到排名第幾。公佈成績的那天，我父親一早就去買報紙了，那張報紙可能在我家裏保存了幾十年。兒子會考能考到一百五十名之內，考進男拔萃，還拿了政府獎學金，父親覺得特別驕傲。

男拔萃又是另外一個天地了。它是香港的一所貴族學校，但那個時候我們這些貧寒人家子弟也可以通過升中會考進去。當時拔萃男書院每一個年級有四個班，兩個班是從私立的拔萃小學上來的，其他兩個班是升中考試進來的。我在男拔萃的成績並不算出類拔萃，因為那個學校是另外一個世界。部分同學在家裏是說英文的，相反，英語不是我的強項。誰在中文或中國歷史以外的課堂上說中文，都要罰款，雖然罰款額不大。

我喜歡踢足球，放學後都留在學校踢球，有一次還把腿給踢斷了，進了伊麗莎伯醫院，打了石膏。父親擔心用石膏固定破裂腿骨的醫療效果不夠好，擔心將來我年紀大了，打風下雨的時候舊患會痠痛。所以，他就請來一位潮州的跌打中醫給我醫治（據說他是有真本領的，他引以為傲的案例就是一位交通警察給車撞碎骨，是由他醫好的，成為他的生招牌）。

男拔萃絕大部分的老師都很優秀，而且盡責，但也有少數老師不太負責任，無法激發我發奮學習那門課的士氣。一旦老師比較懶，不負責任，我也好像就沒心機認真學了。我今天還記得一位來自加拿大的數學老師，教學特別不認真，經常不上課，上課時間只是來課堂跟我們打個招呼，叫同學自修。我在男拔萃待了六年——中學五年，再加一年的大學入學預備班。高中畢業後，多唸一年就可以考中文大學，多唸兩年就可以考港大，我選擇了考中大。

發力中大

進入大學後，尤其是後面兩三年，才是我發力的時候。我被中文大學錄取後，學校首先要求我在開學前的暑期參加普通話培訓。當時的大學裏，外國人講英語，本地老師講粵語，內地過來的老師除了講國語之外，更多人是講中國不同地方的方言，而普通話的訓練不但令你聽懂國語，也幫助理解老師的方言。我進入了中文大學的聯合書院，相對於中大當時的其他兩個書院——崇基和新亞，聯合書院是一個比較本地化、具有工商背景的學院，我一開始就選了商科裏的會計專業。

我進入中大後不久，就經常跟左派學生在一起。七十年

代是香港學生運動的「火紅年代」，學生會都由左派學生控制。我入學不久，左派學生就找我做思想工作。他們當中有一些人在辦學生報紙，比如《聯合報》及《中大學生報》，他們的立場比較公開，光明正大地親中，被稱為「國粹派」。但還有一批左派學生，就比較隱蔽，不公開身份，有點地下色彩。那時候香港大專院校有一句流傳甚廣的口號，叫做「放認關爭」。這四個字代表四個短句，即「放眼世界，認識祖國，關心社會，爭取同學權益」。四個短句中，最受大專學生重視的是中間兩句，簡稱「認中關社」，就是要為人民服務，與人民打成一片。

我那時候跟他們一起，主要參加他們的學習班，還讀過《共產黨宣言》、《反杜林論》、《矛盾論》、《論十大關係》和「老三篇」等經典共產黨文獻和毛主席文章。當時街頭有示威，示威者跟警察發生衝突，報社的人就在旁邊觀察，回來寫文章，發表在《聯合學生報》上，但我並沒有在其中扮演重要的角色。我還參加過他們組織的「憶苦思甜」活動，去澳門氹仔參觀爆竹廠。當時爆竹製造業仍是氹仔主要的手工業，不少居民從事與爆竹有關的工作，其中童工甚多。因為工作環境惡劣，安全措施差，經常發生爆炸。爆竹廠爆炸後恐怖淒慘的場面，令目睹者不寒而慄。左派學生和當地接待我們的工人說，這些鞭炮廠曾經炸死了很多勞工，其中不少還是兒童，非常殘酷。

1971 年出了「林彪事件」後，我就徹底不信左派了。
我今天雖然跟左派老同學還有聯繫，有時一起吃飯，他們當
中有些跟我一樣也變了，但在「林彪事件」後還信那套東西
的左派學生，我跟他們基本上沒有聯繫。

我在聯合書院時期親近左派學生，有一個很不好的後
果，就是我對正在唸的那些課程產生了一種負面的情緒。我
就覺得自己在中文大學所學的不正是資本主義的一套嗎？我
只不過是在學做生意，只為賺錢，沒有什麼社會關懷。因此
我對學會計專業不是很感興趣，覺得這些知識不重要，甚至
產生鄙視的態度，學習也就不是很勤奮，情緒也比較低落。
幸好我在唸一、二年級的時候，上了一位臺灣老師的課，
課程名稱叫 Money and Banking。他講英倫銀行在面臨黃金
（或者外匯）流出時，如何利用提高利息把黃金（外匯）拉
住，保證不走資。但後來市場了解這個道理，只要英倫銀行
提升利息就說明它出問題了，所以有些人就更快把資金撤
走。我聽了以後覺得經濟學還是有真學問的，產生了興趣，
開始自學。後來我就不想唸會計學了，轉過去唸經濟學。

給我啟蒙的那個臺灣講師名叫余國燾，教課很認真，講
得很投入。他在劍橋大學拿到了一個碩士學位，並沒有博士
學位，也沒有很多自己的著作，主要是把一些英文的經濟名
著翻譯成中文。他說他跟孔子一樣，「述而不作」。他很有性
格，上課時穿上黑色的學士袍或者碩士袍，他說是用來遮擋

寫黑板時掉下的粉筆灰，可以避免弄髒衣服。

　　我決定從商科轉向經濟學，這在當時是很奇怪的，因為當時似乎是更多人想從經濟學轉學商科。雖然這兩個學科之間的關係相當密切，只是各有不同的側重而已。當時從商科轉到別的學科，是比較稀罕的事情，大家都想學商科，因為更好找工作。那一年我們聯合書院商科同一個班上卻有三個人轉系。除了我從商科轉到經濟學，另外一位蔣姓同學去了中文系，同時學習音樂，後來除了正職，還在不同學校，包括香港科技大學的合唱團任指揮。第三位叫楊寶熙，她是一個女生，選擇去唸社會學了。楊寶熙後來在香港的社會運動中扮演了重要的角色。她中學時代就已經是當時頗有影響力的雜誌《70年代雙週刊》中的一員。該雜誌似乎是當時唯一的一份左派期刊，開始時鼓吹無政府主義，後來一部分人轉向托洛茨基主義，還參加了保釣運動。楊寶熙在中大的時候，先後當過《中大學生報》的編輯、中大社工隊成員，1975年還成為中大學生會第一位女會長。她參與社會抗爭，挑戰殖民政府，是中大學生中的「社會派」女豪傑。在聯合書院的最後一年，她聽說我將來想去世界銀行工作，就問我：「你是想去世行撈？」意思大概是問我是否想在世行這些聯合國機構混飯吃。雖然我並沒有想過要回應，也不知道她是否還記得向我提出過這個問題，但我後來的經歷可以說是以事實作出了回答。

　　總之，決定唸經濟學之後，我就必須好好做準備了。以前我對數學沒有下太多功夫，因為我唸會計學，有沒有扎實的理論數學基礎都無所謂。但是當我決定要轉學經濟學，那就需要打好數學基礎了。我花了整個暑期，將經濟數學的教科書從頭到尾翻了個遍，再從頭到尾把那本書的所有習題都做通了。我們當時用的經濟學教材，都是西方人寫的。經濟學教材用的就是 1970 年諾貝爾經濟學獎得主 Paul Anthony Samuelson（1915—2009）的 *Economics: An Introductory Analysis*。該書銷量高達四百萬冊，翻譯成了四十種語言。他也是美國第一位經濟學諾獎得主。經濟數學的教科書也非常經典，書名叫 *Fundamental Methods of Mathematical Economics*。作者是 Alpha Chiang（蔣中一），美籍華人，長期在 University of Connecticut 任教，也曾經來中文大學新亞學院以及嶺南大學的前身嶺南學院當過訪問教授。我轉到經濟學系後，應該說相當成功，大學畢業時我拿到了一等榮譽學位（first class honor）。同年崇基與新亞書院也各有一名經濟學本科畢業生獲得一等榮譽學位。

　　大學四年級我就申請去美國讀研究院。我當時為什麼想讀研究院？因為我唸經濟學的時候，經常考慮一些落後國家經濟發展的問題。如果這些國家能在制訂經濟規劃方面下工夫，使得經濟運作得更好，是否就可以脫離貧困呢？當時我知道世界銀行的工作主要就是透過給發展中國家貸款，也提

供經濟政策方面的建議，幫助它們發展經濟。所以我當時的一個願望就是去世界銀行工作，然後再到落後國家工作。這是我計劃讀博士的初衷，後來卻發現世界銀行的工作不是我想做的。

我幸運地拿到了柏克萊加州大學的錄取通知書。為什麼申請柏克萊呢？前面已經說過了，我早在「林彪事件」後就不怎麼跟那些左派學生來往，申請柏克萊反而是跟一位美國左派教授有關。我在中大最後一年正在考慮申請美國哪間大學時，碰到了一位來自柏克萊加州大學的教授 Benjamin Ward。他是研究南斯拉夫及蘇聯經濟增長模式的專家。那時他在中大授課，我上他的課，好像是一門「比較經濟學」之類的課程。我跟他說，我想進研究院學發展經濟學。他說：「柏克萊的發展經濟學不錯，你可以申請。」既然他這麼說了，我當時就完全沒有考慮去申請哈佛、MIT。耶魯大學在這一領域也很著名，我報了名，但它沒有錄取我。其他的大學我申請了幾家，包括多倫多大學和密歇根大學，但最好的還是柏克萊。在留學經費方面，我也是蠻幸運的。當時聯合書院有幾個獎學金，最高額獎學金叫「邵逸夫獎學金」，我幸運地拿到了那個獎學金，金額是一萬五千元。在1975 年，一萬五千元的獎學金已經很不少了。

第二章 在美國的日子

負笈柏克萊

1975 年我來到了柏克萊加州大學。第一年，我的獎學金是夠用的。當時加州大學跟香港中文大學是姐妹學校，加大所有分校都能通過有一個聯合機構給到加大留學的中大學生減免學費。再加上「邵逸夫獎學金」，我在經濟上還是比較寬裕的。但是用完之後，就沒有生活費了，我開始有了經濟壓力。你的成績必須相當好，柏克萊才會給你錢。不給你錢，你根本生存不下去，是吧？不過，我倒是每個學期都可以拿到資助，而有些拿不到資助的同學就只能退學或者停學了。

我從香港到了柏克萊後，首先是覺得壓力很大。我的同學們，這些傢夥好像都很猛。開學不久就有消息說一位來自歐洲的博士留學生跳樓身亡。據說他在柏克萊只唸了一年左右，在他的國家裏他是該領域的尖子，但到柏克萊後發現其他人比他更厲害，接受不了。假如消息是真的，他就是不懂得「人外有人，山外有山」這個基本道理。我來自中大，沒有這種唯我獨尊的心理負擔，所以面對畢業於麻省理工、史坦福、普林斯頓的同學，我並沒有要把他們比下去的想法，我想自己唸得夠好就行了。

可是，我到了學校不久，因為學習壓力大，開始失眠了。甚至有些時候看到床我就頭痛，因為又要失眠了。之後

去找心理醫生，他跟我說什麼這是因為 cultural shock（文化衝擊）。但我不太相信，我想柏克萊這個小地方跟香港這個現代化城市也沒有什麼大的差別，不過心理醫生就是這麼解釋的。另外，精神壓力也不是我成績不好所造成。我的成績還是很不錯的，基本上都是拿 A 或者 A+，加一兩個 A-,此外博士候選人資格試（qualifying exams）也以優秀成績過關。但就是有一種無形的壓力始終在那裏，直至我達成所有畢業要求。拿到了學位畢業，我的失眠就少了。

　　那時，美國經濟學的計量革命已經發生了，柏克萊的數理經濟及計量經濟學當時是走在前列的，這也是該校經濟學的一個特色。雖然我們也要學一些經濟史，但主要學經濟學理論——宏觀和微觀經濟學理論，再加上計量經濟學。當時我們每個人必須選兩個經濟學的領域作為專注方向，我選擇高級經濟理論（advanced economic theory）與計量經濟學（econometrics），在博士一年級的基礎上再修畢一年的專注方向課後考試順利過關。

　　我當時的論文指導老師叫 Richard Gilbert，是專注產業組織及行業監管的猶太裔學者。而博士班課程主任是 2001年諾獎得主 George Akerlof 教授，他是我在柏克萊求學時期的老師當中第四位拿諾獎的，在他前面那三位老師的研究領域都是數理經濟學和計量經濟學（現在柏克萊還有另外兩位經濟學諾獎得主，都是在我畢業後才加盟的）。Akerlof 教授

是美國現任財政部長耶倫（Janet Yellen）的丈夫，他們兩夫婦都是猶太人。

Akerlof 的首任妻子是中國人，似乎因此他特別關心我和其他香港來的學生（當時還未有內地來的學生）。作為博士課程主任，他知道我選擇高級經濟理論和計量經濟學作為我專注領域，就對我說：「你這樣不行，你將來找工作光是理論是不夠的，因為做理論做得好是極不容易的，必須選一到兩個應用性的領域。」他向我介紹了幾個可以考慮的領域，包括勞動經濟學和產業組織，但我根本一點興趣都沒有。最後我就選了國際經濟（International Economics）及經濟發展（Economic Development），這些就跟我原來的興趣有關了。因為我打算去世界銀行工作，於是就在考過博士候選人資格試後開始修這兩個應用領域的課。

第二年，我心想事成，可以真的去世界銀行工作一個暑期了。他們請我做項目助理（Project Assistant），我很高興地去了美國首都華盛頓。這個職位的名稱雖然很好聽，其實就是一個研究助理。做完這份暑期工作，我就覺得世界銀行的工作沒有意思，不是我想做的。當時我在世銀的上司負責的是喀麥隆的一個貸款項目。他剛從普林斯頓大學畢業，透過「青年專業人員計劃」（Young Professionals Program）進入世界銀行，他在普林斯頓大學唸公共政策碩士。他的數學很差，我的工作基本上就是幫他把數據做出來，然後他再交

上去。後來我也了解了其他人在做的一些政策分析項目究竟是怎麼回事。在世界銀行那些所謂的「貸款項目」(loan project)裏，因為你負責貸款，是「財神」，第三世界各地的政府當然都很歡迎你，吹捧你，給你鋪上紅地毯，希望你幫他們拿到貸款。但事實上那些工作是挺死板的。

值得一提的是，那個暑假除了我之外，還有三位香港學生在世行工作。一位是柏克萊的同學，他是唸土木工程的；另一位是在哈佛唸 MBA 的；最後一位是在哥倫比亞唸 MBA 的。大家工作性質不同，但對世行工作的看法卻是一致的：儘管待遇非常好（例如，世銀職員假如須要向他們自己國家繳納薪俸稅，世銀完全負責，職員分文稅金都不用繳），工作卻缺乏吸引力。做完暑期工作後，我就覺得這種日常操作性的工作沒有意思，大多是低層次的東西，對智力的挑戰不多，我再也不想去世界銀行工作了，除了其中的一個部門。

當時那個對我仍有吸引力的部門，就是世界銀行下設的一個研究部門，叫做發展研究中心（Development Research Center）。中心的主任（director）是經濟學領域非常有名的學者，名叫 Béla Balassa（1928－1991），是個匈牙利人，好像還是一個王子，原來在霍普金斯大學教書，當時在這個研究中心兼職。我想到那裏去做研究，但我發現申請這個工作難度很大。首先世界銀行裏來自不同國家的員工是有配額的，假如你的國家配額已經「爆燈」，你就不能再進去。這

時我才發現，原來我是一個無國籍人士（Stateless Person）。在那之前，我從沒有想過我居然是一個無國籍人士！

我是香港人，但我並不是拿着港英政府發出的英國護照到美國，我拿的這個小本子就跟回大陸的那個回鄉證差不多。回鄉證是紅的，我拿的那個是綠色的，叫「身份證明書」（Certificate of Identity）。我最討厭的是，這個本子上還寫着這麼一句話，大概意思是：「此人自稱是中國人，但是我們沒有證據。如果此人要找英國領事館幫忙，不需要幫他。（原文為 *The issue of this certificate does not confer a right on the holder to the protection of British diplomatic or consular representatives abroad.*）」說得這麼直接了當！所以從那個時候開始，我就決心一定要拿個美國護照或者加拿大護照。因為我當時是沒護照的人，就跟巴勒斯坦人或者南北韓非軍事區的人一樣，都是沒有國籍、沒有身份的人，可能連一個工作配額都沒有資格佔。

關於找工作的考慮，當時就有個英國人給我點透了。我本來想去世界銀行做研究，不要教書，但我去世界銀行發展研究中心面試的時候，碰到一位英國 Sussex 大學的教授，他每年暑期來世界銀行短期工作。他跟我說：「我建議你跟我一樣，首先在大學找一份工作，做起來，看喜不喜歡，喜歡就繼續幹，以後你有興趣也可以在暑期找機會來這裏工作。假如你覺得不好、不喜歡，你就轉行，這是可以的。但

假如你來了世界銀行，做世行分派的工作，幾年後想回到學校，你就回不去了，因為世行的工作不一定可以成就學術文章。」我聽他這個說法有道理，就開始認真申請大學的教職。

　　我的博士論文，今天看來學術價值不大了。我做博士論文時，指導老師 Richard Gilbert 是一個剛來不久的助理教授，主要研究產業組織的。我跟他報告我要研究什麼問題後，他認為我所研究的問題都是關於不確定性的，而很多貿易決策的背後，都涉及到環境的不確定性。於是他介紹我去讀 2009 年諾獎得主 Oliver Williamson（他當時還沒有加盟柏克萊，後來成為柏克萊第五位獲獎者）的書。這本書就是討論在有交易費用的條件下，一家公司應該採用何種策略：由本公司包辦一個產品的所有程序？還是將其中的一些程序外包給其他公司生產？前者是所謂的「垂直整合」（vertical integration），後者為市場分工。這跟國家決定是依靠國際分工還是本國生產，是很相似的決策問題。我的博士論文有三篇文章，其中的一部分談這種關係。另外一部分成為我第一篇在學術期刊《國際經濟學刊》（Journal of International Economics）上發表的論文，題為 *Ex ante plant design, portfolio theory, and uncertain terms of trade*（1981 年），是關於利用生產的靈活性應對國際市場相對價格不確定性的數理分析。《國際經濟學刊》是國際經濟研究方面最具盛名的學刊。四年後，我利用博士論文的另一些概念又在該學刊上發表了一

篇論文，題為 *Uncertainty and economic self-sufficiency*（1987年），內容是關於國際貿易不確定性與自給自足的關係，證明除非不確定性的性質非常極端，否則自給自足永遠不是最佳的國策。

我雖然沒有跟 Akerlof 教授寫論文，只是聽過他有關宏觀經濟學的課，但跟他關係不錯，甚至有些特別。前面說過他建議我找一些應用性的經濟領域作為研究方向，在我決定接受佛州大學的工作之後，他建議我假如不喜歡佛州就應該盡快離開，因為他擔心位處美國南部的佛州可能會歧視我這個「少數族裔」。2001 年秋季，我從科大到柏克萊放學假（sabbatical leave），學習「新經濟」（New Economy, 就是資訊技術佔重要位置的經濟，今天有人會稱之為數字經濟或者數碼經濟）的經濟分析。我知道 Akerlof 有一次主持一個工作坊，講者是在哈佛大學任教的法國學者 Emmanuel Saez，專攻收入分配不公平以及稅收問題的研究。Saez 與同胞 Piketty 有關這方面的書籍廣為流傳。他後來加盟柏克萊，獲得美國經濟學會頒授給年輕經濟學者的最高榮譽 Clark Medal，這個獎的得主大部分後來都獲得諾獎。我打算去聽 Saez 的演講，也向 Akerlof 教授問候。當天早上聽到新聞報導 Akerlof 獲得諾貝爾經濟學獎的消息，我很是高興，到達工作坊的課室自然就向他祝賀。他也很高興，隨即邀請我參加當天晚上柏克萊諾貝爾得獎者的一個派對。柏克萊自創校以來，共有二十七

位諾獎得主，最多的是物理學和化學，經濟學排行第三。而 Akerlof 教授是柏克萊的第十九位諾獎得主。該派對是一早安排好的，Akerlof 教授獲獎是當天早上才宣佈，所以派對邀請他作為新晉獲獎者去參加，還加上一個特別恭賀他得獎的慶祝活動。晚上大家一去動身去慶祝會時我才第一次認識他太太耶倫，雖然之前已經知道他太太是誰。對我來說，在我放學假之際有幸參加這個諾獎得主派對真是機會難逢的。

2001 年我回到柏克萊放學假時，盡可能拜訪我求學時期教過我的教授，其中一位就是鼓勵我申請去柏克萊唸博士的 Ward 教授，但原來他已經退休多年。我打電話向他問候，了解他的情況。他告訴我，他對經濟學再沒有興趣了，他的興趣是畫畫和騎摩托車（老年人騎摩托車當時是新潮流），而且他已經成為有名氣的畫家了。Ward 教授是社會主義經濟的擁護者，難道鄧小平的改革開放採用市場經濟模式發展中國經濟的努力和成果，令他自己多年對經濟制度的信念崩潰？

任教佛羅里達大學

我的第一份工作就去了佛羅里達大學經濟系。我找工作的時候，遞交了大概二十份申請，最後得到十幾個面試的機

會，可能因為柏克萊加州大學畢竟是有崇高學術地位的。當時我也可以拿到多倫多大學的聘書，但那是一份有附加條件的聘書。當時加拿大有一個保護本國公民工作機會的條例，大學說，假如多少個月之內有個加拿大應聘者跟你的條件一樣，我們就必須先將工作給他，給你的聘書變為無效，除非他拒絕我們的聘用。多倫多是大城市，比佛大所在的小鎮 Gainesville 更具吸引力，即使面試那天的溫度是零下 20 度。雖然中途殺出一個程咬金的機會不是很高，到最後可能一點事都沒有，但是我不敢冒險，所以很快就接受了佛羅里達大學的工作，不想多倫多了。如果在香港工作，拿美國護照跟拿加拿大護照在稅收方面有很大的差別。加拿大公民在外地工作不需要向加拿大納薪俸稅，但美國公民無論在哪裏工作都必須向美國納薪俸稅。幾十年的薪俸稅加起來是一個可觀的數字。

到了佛羅里達大學之後，我從同事那裏學到了很多東西。之前在研究院第二年，Akerlof 教授建議我學習「勞動經濟學」（Labor Economics）或者「產業組織」（Industrial Organization）這些應用性的領域，我都沒有興趣。但到了佛羅里達大學後，我部分的研究題目卻正是來自「產業組織」這個領域！主要是聽了一位剛從普林斯頓大學獲得博士學位的美國同事的課，令我對該領域的研究發生興趣，相應地，我也逐漸對博弈論產生了濃厚的興趣。後來我在這些方

面發表的論文反而比他多，而他則離開佛大去了一所教學型的小書院。

想獲得終身教職就必須在權威學術期刊上發表論文。我是以研究國際貿易為主，產業結構、微觀理論、應用博弈論為輔。上面說過，國際經濟領域最好的專業期刊就是《國際經濟學刊》，我成功地在該學刊上發表了多篇論文。還有一些關於博弈論的論文，也發表在博弈論和經濟理論方面的一些重要學刊上。我的研究通常是把博弈論應用到國際經濟政策上面，這是當年的學術潮流之一。我的部分文章也在不分領域的頂尖經濟學學刊（包括 American Economic Review）發表，證明我在這方面做的研究還是不錯的。

有些時候我比別人更早發表成果，擊敗了同行。當然也有些時候其他的人把我擊敗，比我早發表論文，令我沒發表的研究成果報廢。基於我自己的經驗，我認為美國學術界是基本公平的，只要有好成果就可以出人頭地。當然，有些學術權威不會引用年輕學者的文章，因為你名氣不夠大。但他是權威，你能做什麼呢？不能做什麼，也無需做什麼，更不要抱怨。

我二十八歲到佛羅里達大學開始當助理教授，後來在那裏成功地獲得了終身教職。柏克萊的老師 Akerlof 曾經提醒我，如果佛羅里達的工作或者居住條件不好，就趕緊另找一份工作離開。他所指的是種族問題，因為佛羅里達是美國南

部的一個州。好在它不屬於深南部（Deep South），種族問題不是太嚴重。尤其在學校裏，不太明顯。走出校門，當地人（有些人會不禮貌地稱他們為「紅頸」（redneck，鄉巴佬）可能會對其他種族的人有點不尊敬，但總體來說問題不大。

我在佛大期間也獲得其他一些大學的教職，例如紐澤西州立羅格斯大學（Rutgers University）和印第安納大學（Indiana University），但都不是特別合適，不是我喜歡的地方。我到這些地方拿到工作聘書後，反而覺得我在佛羅里達的處境並不太差。然後我就想，要不我就在這個地方待下來算了。1980 年代末，我在佛羅里達蓋了自己輕度參與設計的房子。那就表明我決定不走了，最起碼是準備長期居住了。但是我注意到，那些從佛羅里達大學所在小鎮 Gainesville 退休的華人教授的生活好沉悶，非常單調，在週末跟其他華人一起到中餐廳吃自助餐就好像很開心了。這並不是我想要的生活，所以，還是應該搬到更理想的城市去工作和生活啊。就在這個時候，香港科技大學出現了。

客座復旦

1988 年我到復旦大學一個中美文化交流項目，叫做「福特基金會經濟學培訓班」（簡稱「福特班」，Ford Foundation

Economics Program）教書。該課程背後的推手是普林斯頓大學華裔經濟學者鄒至莊（Gregory C. Chow）教授，他對中國的經濟學人才培訓居功至偉。除了推動這個課程在復旦和人大開辦（據說早期北大也辦過，後來轉到人大）之外，他還設計了一個經濟學知識和技能的考試，給早期第一批到美國唸經濟學博士的中國青年才俊作為報考的資格試，中國內地學子稱之為 Chow test。這個考試與原來另外一個同名的統計測試互相輝映。研究計量經濟學的人都知道，鄒教授早在 1960 年就設計了一個著名的測試，對不同樣本的經濟模型係數是否等值進行檢測，學術界也稱為 Chow test。

　　我在復旦大學教書的時候，認識的一些人、親身經歷的一些事到現在還依然有深刻的印象。第一個深刻的印象就是中國的大學制度。我發現，很多復旦的教授留下自己的研究生在本校任教，「近親繁殖」現象非常嚴重。我畢竟是從美國過去的，對這種做法不以為然。我最欣賞美國大學制度的原因之一，就是不許「近親繁殖」。一個大學畢業的博士，必須在外面闖出了名氣，才可以被聘請回母校任教。當然，當時中國的大學留下本校畢業生當教員也有很現實的原因。當時全國都有嚴格的戶籍制度，外地人才很難落戶上海。不單只是上海方面必須批准他們進來，而且他們戶籍所在地的單位也必須同意放人才行，除非有更高層的機構給你作主。而大學留自己學生的手續就比較方便，不需要面對戶籍的難

題。但無論什麼原因，這種現象不利於學術的發展，因為徒子徒孫在母校挑戰師父和祖師爺不是很多人敢做的事情。現在情況大不相同，大學請的人除了來自內地其他大學，也有來自港澳臺、歐美和世界其他地區的大學。

第二個比較深的印象就是我經常閱讀上海當時非常有影響力的一份報紙——《世界經濟導報》，幫助我了解內地改革開放的形勢和政策討論。當時導報上對於改革的討論非常熱烈，大塊頭的長篇大論和匕首式的精短文章都有，合我胃口的文章我都讀。

第三個深刻印象就是 1989 年春夏之交的政治風波後，我在復旦大學的助教和部分學生就開始往美國跑。我應他們的請求給他們寫推薦信，還幫他們其中少數幾位拿到資助到佛羅里達大學唸博士。我沒有留意他們當中有多少位後來回國，但我的助教在佛大畢業後就投身金融界，在美國扎根了，和他的回族太太過上不錯的美好生活。我和他曾一起在博弈論學刊上發表過一份有關混合策略納殊均衡（mixed-strategy Nash equilibrium）奇詭特點的文章。

第四個深刻印象是認識了一些當時活躍於政治改革討論的名人。風靡一時的中央電視臺紀錄片《河殤》在我到上海之前兩個月就公開播放了。我的助教替我買了一本同名而且內容基於紀錄片的書給我看，其中包括大陸文明與海洋文明的對比、中國的超穩定社會結構等重要觀點，相當震撼。在

友好的安排下，我也出席過一個在四川成都召開的研討會，認識了《河殤》的顧問之一金觀濤及其夫人劉青峰（另外一名顧問是北大著名的經濟學者厲以寧，我曾經專程登門造訪，後來在科大期間也邀請他到科大演講）和其他一些的名人。政治風波後，他們當中有些人出了問題。我看到報導，一位在研討會上發表有關上海黑道頭子杜月笙文章的學者被捕，但不知道與該文章有沒有關係。後來也看到報導，說金觀濤夫婦 1989 年離開大陸到香港中大客座，之後到臺灣任教定居。

　　第五個深刻印象是我當時認識了一些參與中國經濟改革，在中國大陸、香港、臺灣乃至國際上都享有盛名的經濟學者，如上述的鄒至莊教授和林毅夫教授。福特基金會在人民大學和復旦大學各設一個經濟學班，各自招生，各有自己的教授團隊。1988 年我在上海復旦大學福特班任教的時候，到北京參加同年成立的福特基金會中國辦事處所舉辦的活動（復旦和人大共四位來自美國的教授都參加），拜會了辦事處主任，也在活動中拜會了鄒教授。那天鄒教授非常高興，因為當天他跟時任總書記趙紫陽見了面，拍了照片，上了電視。他還特意把錄製保存好的電視新聞給我們看。因為他是領導人的經濟顧問，他特別開心。

　　除了鄒至莊，趙紫陽在不同時間也會見過其他著名的外國經濟學者，比如新自由主義經濟學的代表人物弗里德曼

（Milton Friedman），據說是香港的張五常教授引薦的（他陪同弗里德曼到北京拜會趙紫陽）。弗里德曼的自由主義意識形態鮮明，難以想像他會跟鄒教授一樣為中國的經濟改革建言獻策。

政治風波後，原來趙紫陽倚重的那些人都「靠邊站」了，中國政府選擇聆聽的經濟學者，似乎是要少講意識形態、多講有效對策。我的經濟學者朋友林毅夫、易綱、錢穎一和李稻葵等在不同時期以不同方式為政府獻謀獻計。在這些朋友中，官做得最大的是易綱，官至人民銀行行長。他在伊利諾伊大學博士畢業後，在美國當過一段時間的大學教授，回國後在北京大學與林毅夫於 1994 年一起創辦了「中國經濟研究中心」，我是在訪問該中心時認識他的。他給我的印象是謙謙君子、誠實穩重，說話言之有物，不誇張，恰到好處。在中國經濟研究中心時，他已經開始參與政府工作，最後全職加入人民銀行，拾級而上，最終登上人行最高位置。

我認識林毅夫比認識易綱早了大概六年。1988 年我在復旦的助教通過福特班另外一位教授（交通經濟學者 Ken Boyer）的助教介紹，結識了林教授。我是在去福特基金會北京辦事處拜會辦事處負責人時，在入住的友誼賓館與林毅夫第一次見面，開始了我們往後長期的友誼。林毅夫於 1986 年在芝加哥大學經濟學博士畢業後，先到耶魯大學當

博士後，然後回到中國內地。他從 1987 年開始擔任北京大學副教授，1993 年升正教授，並於 1990 至 1994 年兼任國務院農村發展研究中心發展研究所副所長。1994 年，他與易綱等人在北京大學創辦中國經濟研究中心，並出任中心的創始主任。他這個人的確是蠻厲害的，能說服校方，由他來創辦大學直屬的研究中心。他的活動能力很強，有全球視野，到處去國際性會議演講。2008 年，他創辦了北京大學國家發展研究院，擴大編制和規模，中國經濟研究中心成為研究院的一部分。從 1995 年開始，林毅夫到香港科技大學任教，先後近十年。我是如何把他請到科大的，下面再詳細交代。

錢穎一和李稻葵教授也是參與中國經濟改革的著名經濟學者，他們是我後來在科大時期認識的。錢教授有很高的學術成就和國際名聲。他在哈佛大學寫論文師從諾貝爾獎得主 Eric Maskin。獲取博士學位後他先到史坦福大學任教，之後在 Maryland 大學和柏克萊先後擔任正教授，最後放棄柏克萊的終身教席回到他的母校清華大學（他的本科專業是數學）出任經管學院院長。在那之前，我曾經努力試圖邀請他加盟科大，但他志不在此，事實證明他的選擇是回到中國政治與經濟心臟──北京，擔任清華經管學院院長。他當院長後他兩位在香港的哈佛師弟（論文指導老師都是 Eric Maskin 教授）挖回清華，即我在科大曾經的同事李稻葵教

授和香港大學的白重恩教授。李稻葵不但是錢教授的清華校友，而且是經管學院本科畢業的。白重恩後來接錢穎一的院長職位，一直到今天。

錢穎一擔任清華經管學院院長達十二年，令學院的教研實力與教研成就都大幅提升，在國內和國際上都享有崇高的地位。他是超級關注中國大學改革的經濟學者，為此寫了大量文章，有獨到的見解，也在經管學院推動博雅本科教育。他有關大學改革的雄文收進《大学的改革》三卷——第一卷·学校篇、第二卷·学院篇、第三卷·学府篇。基於他在轉軌經濟學領域的學術成就、對經濟改革開放的重要貢獻，和對大學改革的獨特貢獻，嶺南大學於 2020 年頒予他榮譽社會科學博士學位。

李稻葵是我把他從美國聘請到科大時開始認識的。原來是希望到適當的時候請他出任科大經濟系系主任，可惜那還沒發生之前清華經管學院就已經把他挖走。他也是一位心懷大志的學者，希望把所學直接貢獻給國家，所以他回到位於國家政治中心的母校是完全理智的選擇。在北京，他參與政府的各種諮詢工作，成為著名的政府智囊。我曾在電視新聞中留意到，在一個由習近平主席主持、規模不是很大的會議上，李稻葵以「無黨派人士」的身份參加會議。

到科大之前，我在美國的研究方向主要是國際貿易與微觀經濟學理論，寫的都是學術性文章。我所做的那種研究，

最多只是影響一下大家對於某些經濟問題的思考而已。在美國，我沒有機會參與政策制訂，因為那一般都是由美國頂尖大學的教授或在首都華盛頓的教授參與的事情。回港後，我的研究方向有所改變，開始對內地和香港的國際經貿和國際「直接投資」進行實證研究和政策研究。

作為一位經濟學者，我並不熱衷接近權力，因為我認為學者必須跟權力保持距離，才能保持獨立性，堅持基於科學方法的客觀研究結果。必要時要與政府唱反調，即使他們不喜歡與他們意見相左的人。學者的客觀獨立對於政府制訂理性的政策是必要的。政府說什麼都支持，那學者還有什麼真正的價值？

的確，走近權力可以發揮更大的影響力。易綱就是從北大進入建制，再一步一步走上去的。我覺得他的事業發展很成功，對國家經濟發展的貢獻也更加直接和重大。在我的朋友當中，他似乎是走這條路走得最成功的。如果我有機會走易綱那種經濟學者的路徑，我走不走？坦白地說，我可能也會走，並不排斥。因為如果要做成某一件自己認為很重要的事情，對其他事情，妥協一下也可以。前外交部長李肇星曾經說過一句話，意思就是搞外交雖然不是所有的真話都可以說出來，但他堅持不說假話。我相信對從政的學者來說，這也應該是一條底線。

第三章　科大歲月

回歸科大

我在復旦大學當客座教授的時候，就聽過香港科技大學成立的消息，是一位路過復旦大學在專家樓（我居住的地方）食堂吃飯的美國人告訴我的。他即將前往科大的資訊技術服務部門當主管。當時我以為只是多辦了一所理工學院，一點興趣都沒有，所以完全沒有關注。後來我的朋友雷鼎鳴從美國回香港科大參與創辦商學院，找我加盟。雷鼎鳴讀研究院比我晚幾年，但到科大的時間比我早一年。他告訴我，跟我同年進入柏克萊唸研究院的中大同學陳玉樹甚至比他更早加入科大。因為這兩位朋友都打算放棄美國的終身教席回到科大，我開始覺得，也許科大不是我以前印象中的理工學院，我也應該認真考慮是否去科大任教。因為香港不單是我的家，而且快將要回歸祖國。

1992 年 3 月份，在雷鼎鳴的鼓動下，我決定親自到香港看看，去科大清水灣校園面試。到了清水灣，我就被極為秀麗的校園所吸引，也了解了科大商學院的發展方向，於是決定加入科大。回到佛州，在收到科大的聘書後，我就向佛大辭職並開始賣房子。我於同年 6 月下旬回港到科大的時候，佛州房子還沒有賣出，就交給地產經紀處理。佛大沒有接受我的辭職，給我一年的無薪假，希望我一年後回去。一年後，佛大又給我多延了一年無薪假，希望我訪問科大兩年

就滿足了，可以回佛大。但我還是維持原來的決定，長期留在科大，結果一留就是二十一年，直到我在 2013 年秋季過檔到嶺大當校長。

經過 1989 年春夏之交的政治風波，很多香港人對回歸的信心產生了動搖，但我當時沒有太糾結於此。我們很多人放棄美國的教席加入科大，就是衝着香港回歸來的，回來就是為了支持香港回歸。我們在美國已經有了終身教席，工作安穩，但我們希望在中國的土地上，同心合力建立一所國際化、高水平的大學。無論雷鼎鳴、陳玉樹、我，還是工學院的高秉強、創校校長吳家瑋和他的學界保釣戰友，都是為這個目的而回來的。

如果香港還是由英國人統治，我會回來嗎？前面提到，我當年出國時，從英屬香港政府拿到的那個身份證明書，寫明英國領事館不給我保護，我只是二等公民。雖然我對英國人管治香港的評價是中性的，殖民統治也沒有給我留下任何創傷記憶，但我對英屬香港還是缺乏親近感。如果仍是英國人在管治香港，我們這樣的人回來，最多做一個「高等華人」，但社會地位還是在英國人之下，我沒有興趣。相反，香港回歸後，華人可以當家作主，有更大的發展空間。

我回到科大的早期，香港部分人還是有一種英國人奴才的心態。科大同事告訴我，他們有事情要向政府部門投訴，開始用粵語或普通話投訴，大都沒有作用的。後來改用英

語，政府部門就立刻開始處理了。我自己沒有向政府部門投訴的經歷，但卻領教過有些外國人在香港高人一等的態度，令我無法忍受。

在科大，有一位美國教授，本來跟我是平等相待的，但可能是因為經常受一些本地華人商人（其中一位後來因為支持動亂和干犯國安法而坐牢且持續被控告）豪華款待和阿諛奉承吹捧的緣故，態度有所改變。他不尊重既定程序，要撤銷包括我在內的招聘小組建議聘請一位面試表現好的申請人的決定，轉而聘請另一位小組面試後認定不行的申請人（其博士導師也是該美國教授多年前的導師，所以是教授的小師弟），給出的理由是他親自通過電話考核了後者，認為後者應該比前者更優秀。說到底就是要為還沒有找到工作的小師弟爭取一份工作。我想，我在美國的大學裏與美國人和歐洲人基本上是平起平坐的，怎麼回到自己的地方反而比他們矮了半截？因此我在經濟系的大會上直斥其非，我的發言令很多同事很驚訝。

自此以後，對那些在中國土地上表現出居高臨下的外國人，我一定給他們好看的。但必須澄清，對於互相尊重、有真材實料的外國學者，無論他們來自哪裏、什麼文化背景，我對他們都非常尊重，而且真誠珍惜和感謝他們的貢獻。我要抵制的是那些自以為高中國人一等的傲慢外國人。至於沒有真材實料的外國人（有些不忿的本地華人學者稱這些濫竽

充數的洋人為「洋垃圾」），按既定標準和規矩處理就行了。

　　科大的很多創校元老都有臺灣背景。人文學科的有徐泓、齊錫生，工科的有張信剛，理科的有張立綱和孔子後人孔憲鐸等。據說創校校長吳家瑋教授就是透過上世紀 70 年代留美學生的保釣運動與他們成為好友的。他們普遍抱有濃厚的中國情懷。這種因保釣運動而建立的情誼在科大創校初期似乎成為大學高層團結工學院、理學院和人文及社會科學院同事的一種粘合劑。對這些創校元老來說，香港可能是曲線報國的一塊寶地，既可北望神州，又與深圳河以北保持一點距離，維持舒心自由的生活方式。

　　在國內和國際上都具有影響力的發展經濟學者林毅夫，也是臺灣人，但與科大早期的臺灣學者相比，他是年青的一代。林毅夫研究做得很好，能在世界頂級的經濟學期刊上發表論文。而且他的論文能結合現實，用獨有的數據或者方法作分析，講出大家聽了都能懂的故事。他有關中國經濟改革的書曾經被翻譯成多種外國語言出版，還擔任過世界銀行的二號人物。出任如此職位，除了林毅夫自己的過硬才幹，相信也跟中國的經濟成功及影響力有關係。

　　林毅夫一直在北京大學工作，那我是如何吸引他來科大的呢？當時我觀察到有一種「以色列模式」學者。何謂「以色列模式」？以色列人一般很愛國，一些在自己國家工作的優秀以色列學者，因為國家支付不了高薪，所以每隔若干年

就到外國去賺點錢幫補家用，再回到自己的國家繼續服務。這樣的以色列學者我在佛大見過，早期在科大也聘請過。林毅夫在北大主持中國經濟研究中心很成功，但早期北京大學的薪酬也很低，他也和以色列學者一樣需要多賺錢養家。早期他是去澳洲或美國賺錢的。

林毅夫在當時的中國是一種現象：一位獲得芝加哥大學經濟學博士學位的臺灣同胞，不留在美國發展而選擇回到中國大陸報效祖國，表示他不忘身為軍人從金門游泳到大陸的初心。他父親在臺灣過世後，他在臺灣的兄弟通過我跟林毅夫聯繫，傳遞一些有關喪禮的文字和信息。令我印象最深刻的是他父親逝世後臺灣報紙刊發的訃文內容。訃文特別提到身在大陸（臺灣當局不許他回臺奔喪）的林毅夫，說他少有大志。那時我的感覺就是，原來他小時候就已經知道臺灣只是個小舞臺，而他要的是祖國和國際的大舞臺！

前面提到，我 1988 年去北京的時候就在友誼賓館認識他，從此成為多年的朋友。中國經濟研究中心成立的時候，他邀請我去參加開幕典禮。典禮上北大經濟學元老陳岱孫教授講話的那一幕令我印象深刻，意識到兩個相隔甚遠的世代在進行道統上的傳承。

林毅夫是難得的人才，我希望羅致他加盟科大。我就跟他商量，問他是否願意來香港科大工作，我給他的錢不會少於美國和澳洲的大學，他也不必跑那麼遠的路。香港就是

他賺錢和作貢獻的地方，同時仍可以繼續為北京最高層政府
服務。

　　具有強烈報國情懷的林毅夫認為只有在政治中心才能接
近國家領導核心，所以不願離開北京是可以理解的。記得
2006 年春季我在北京放學假，有一次跟他約好某天晚上一
起吃飯，但臨時他必須取消，因為國家領導人賈慶林先生請
他陪同考察。在北京他還能給領導人講課，這是在香港無法
得到的機會。

　　林毅夫於 1995 年決定加盟科大，我當然很高興。他既
是科大的教授，又是北大的教授。他回去北大時，我當他是
向科大請假短期外訪，期間沒有薪酬；來科大教課時，相信
他是向北大請無薪假到訪科大。事實上，在兩所學校他都是
有無薪外訪權利的全職教授，但大家都不挑明。這個安排對
北大、科大，以及林毅夫本人，都是好的，可謂三贏。這種
安排在歐美並不罕見，反而在香港有些人會找事。記得在科
大創始初期，立法局某泛民議員發信給科大詢問多少有教授
在外國還保留職位，大概是擔憂相關教授對香港的忠誠度，
或者是調查大學管理層是否浪費資源。後來，大家對著名學
者同時在兩所大學任教少了顧慮，林毅夫還成為北大與科大
共同聘用教授的典型呢。

學以致用

我的學術專長之一是博弈論。博弈論來自西方,有其西方傳統,但是我們中國人在戰國時期就有了這類學問。我們的老祖宗總結出《孫子兵法》等計謀方略,就玩得蠻厲害、蠻成功的,據說美國軍校也把《孫子兵法》用作教材。我覺得現在中國政府跟西方國家在外交上的博弈,還真是各有千秋。

博弈論能做到的無非就是在思考問題時,讓人能向前多想幾步並預判對手的理性決策和對策。有些時候思考不同對局之間的關係,也就是小棋盤和大棋盤之間的關係,也非常重要。我們與其把它說得太玄,不如利用它分析具體的問題,基礎就是把問題的具體情況搞清楚。博弈論提醒我們,在決定應用自己覺得甚具創意的招數前,必須多方面考慮對手會如何應對、如何反制。最起碼,採用博弈論框架做出來的推演比較靠譜,因為較重要的因素和對手的理性反應都必須考慮在內,減少因意料之外而驚慌失措、因考慮不周而造成遺憾的可能性。下面舉個例子說明利用博弈論推演找出適當的貨幣政策手段解決國際炒家狙擊港元的實際問題。這是1997 至 1998 年間的事情,直到今天我依然覺得那是財經分析和博弈論的成功應用。

1997 年 10 月,港元受到亞洲金融危機的衝擊,有國際

炒家趁機狙擊港元，香港金融管理局不是以「挾息」的方法去對抗嗎？當時，科大的財務系和經濟系很多教授都非常關注此事。10 月底，面對港元危機，我在商學院內部組織了一次座談會，討論對策，反應很熱烈。其後的一個多月裏，財務系和經濟系七位對匯市有研究興趣的同事們，成立了一個「捍衛聯繫匯率研究小組」（後文簡稱為「小組」），幾乎天天在一起分析討論與聯繫匯率有關的問題。七人包括陳玉樹、陳家強、陳乃虎、陳永豪四位財務學者，雷鼎鳴、關蔭強和我三位經濟學者。大家應用博弈論及相關財經知識研究如何應對炒家狙擊港元的問題。我們當時的辯論有點像百家爭鳴，某種新論點一提出來，大家都會努力去尋找理據，分析和嘗試挑戰這個論點。最後，我們這知識背景、訓練方法和理論觀點不盡相同的七位財經學者，經過多次激辯，慢慢地形成了共識。後來社會上對我們觀點的眾多反應中，幾乎沒有什麼論斷是我們事先未曾預期和討論過的。我們將自己的意見及建議向一些國際專家請教，包括 1990 年經濟學諾貝爾獎得主、財務學者 Merton H. Miller，得到很正面的反饋，也讓我們信心倍增。

經過細心研究，我們向港府提了一些建議，最後證明這些建議是可行且有效的。核心建議不是我提出的，但我有份參與分析和解釋這些建議為什麼可行，並在報紙上撰寫分析性文章。

　　在金管局主辦的一次關於如何應對狙擊港元的「武林大會」上，我代表「小組」報告我們的分析和建議，並與「小組」其他出席大會的成員拆解對建議的質疑、批評和攻擊。會議的主持人乃金管局顧問、在倫敦經濟學院任職的英國教授。參加大會的「武林」人士包括金管局負責貨幣政策研究和實務的官員、其他財經官員、受金管局監管的主要銀行的代表、金融財務企業的代表（說不定其中有些就是狙擊者或者跟風投機者），以及大學的財經學者，好不熱鬧。論壇結束時，金管局負責人總結：「今天對於如何應對狙擊港元的方法，眾說紛紜，所以沒有結論。」言下之意，既然沒有結論和共識，那金管局認為應該怎麼做就繼續做。印象比較深刻的是這位倫敦經濟學院的教授相當公道，除了大會剛開始時有些刁難之外，基本上秉持學者應有作風，沒有使用「橫手」質疑個別意見的可信性。銀行代表多不出聲，而金管局負責貨幣政策的官員和個別財務企業代表則跟「小組」抬槓，支持金管局挾息的做法。會議結束後有相當長的一段時間裏，在任何研討會上有人討論金管局應對炒家措施的利弊，金管局貨幣政策部門的一位女士就一定發言，說他們的措施如何正確有效。假如我在場，那我也一定要發言，解釋為何金管局的措施是錯誤的，其效果適得其反。

　　財務系的陳乃虎教授是香港人，他的第一個博士學位來自柏克萊數學系，第二個博士學位來自洛杉磯加州大學

（UCLA）財務系。在加入科大前，他是爾灣（Irvine）加州大學的財務教授。他是科大商學院第一位教授，後來擔任商學院首任院長的陳玉樹就是他幫忙聘請的創院教授。陳乃虎當時在研究，如果香港聯繫匯率遭到狙擊，港府應該如何應對。他從在金融市場工作的學生和朋友知道炒家炒賣港元實際上用了什麼交易手段，根據這些資訊，他與他的博士生陳永豪共同提出了一個應對這些手段的具體核心方案。這個方案我們後來稱之為「二陳方案」，在時任財政司曾蔭權於1997年11月14日召開的香港金融市場討論會（會上共有十位香港幾所大學的財經學者，其中六位就是科大「小組」的核心成員）上提交，建議金管局設立「美元流動資金調節機制」（US Dollar Liquidity Adjustment Facility），替代原來的「港元流動資金調節機制」。

　　我們七位同事的觀點，如果要做一個簡單的總結的話，大概包括五個方面：一，聯繫匯率是一個好制度，如果在炒家攻擊下放棄，後果不堪設想。香港不應放棄聯合匯率，而且也有足夠的財力去捍衛它。二、當時金融管理局總裁任志剛所依賴的挾息方法，也就是大家叫做「任一招」的，在理論及實踐上已經過時，因為炒家是利用外匯市場上的掉期交易（swap）完成的（下文會詳細解釋），無法有效捍衛聯合匯率。三、對於金管局過去偏離了經典的「貨幣發行局」（Currency Board）的一些規則而改為酌情（discretion）辦

事，我們持保留態度。四、設立一種特別的美元資金調節機制，可以有效地減少外來衝擊對香港的負面影響。但它有局限性，對於真正威力驚人的衝擊，並不足以捍衛港元。五、假如形勢嚴峻凶險，美元化（就是立法容許香港的資產負債用美元結算並增加在港使用美元的比率）是避免港元危機的終極辦法，而且符合基本法。

上述炒家狙擊港元所採用的掉期交易是這樣進行的：炒家用兩個交易達致拋空遠期（比方說一年期）港元的部署。首先，外匯市場套戥（套利）的結果就是滿足「保值利率等價條件」（covered interest parity condition），反映現匯率、遠期匯率、港息和美息之間的內在關係。以公式表現為「（1+ 美息）=（1+ 港息）x 現匯價 / 期匯價」。因為財務交易都有交易費用，所以不能保證公式等號左邊和右邊的差距每個時刻都是零，而是這個差距不可能大於套戥的交易費用的極小百分比。

假如現貨港元與現貨美元的匯率為 7.75 港元兌 1 美元，在美息 5%、港息 8% 的條件下，那一年期的匯率為 7.97。炒家第一個交易是在遠期外匯市場賣出 7.97 億一年期的港元，獲取一億一年期的美元，用掉期交易換成現貨 7.75 億港元。第二個交易很簡單，就是在現匯市場賣掉這 7.75 億港元（市場看到的拋售港元），獲取一億現貨美元。這一億美元並不是利潤，因為賣出的 7.97 億一年期的港元

是需要埋單支付的。

　　當時金管局容許的最高匯率（即是它容許港元最弱的匯率）為 7.75，不是法定匯率 7.8，也就是說金管局選擇把現貨匯率固定在一個偏強的水平。「小組」五個觀點中的第三個，就是批評金管局這個偏離經典的「貨幣發行局」的做法。金管局的理由是以 7.75 為第一防線，所以選擇偏強的匯率，假如這個防線守不住，再去守一個較弱的第二防線。但這個理由並不成立，因為金融市場跟地理位置及地貌不同，假如守不住偏強的第一防線，也就無法守得住稍弱的第二防線。無論如何，假如匯率從偏強的 7.75 調整至法定匯率 7.8，就意味港元貶值 0.65%。後文談及的「任八招」就是處理匯率從 7.75 回歸 7.8 對擁有港元的人造成損失的風險。

　　假如港息不動，炒家無論是立即埋單離場，或者是一年後埋單離場，都無利可圖，還要損失交易費用。相反，假如金管局看到有人在現貨匯市上拋售港元就決定要挾息懲罰炒家，令港息上升，那一年期的美元匯率就相應地上升（也是根據「保值利率等價條件」的公式計算），炒家就可以立刻埋單賺錢離場。比如，港息從原來的 8% 上升至 12%，那一年期的美元兌港元匯率就上升至 8.266，炒家就可以立即從期匯市場獲利 2960 萬港元，減去小量的交易費用。假如港息從原來的 8% 上升至 15%，那一年期的美元就上升至

8.488，炒家從期匯市場獲利就是 5181 萬港元，減去小量的交易費用。港息升幅越大，炒家的獲利也越豐厚。

此外，基於以往利息與股市行情的反向關係，有些炒家還預先拋空香港股票，當金管局挾息時就可以在股市額外獲利。事實上，當這種關係廣為炒家所知後，香港有一段時間就成了他們的提款機。「二陳方案」的功能就是透過「美元資金調節機制」穩定港息，令炒家無利可圖，無功而回。當時，雷鼎鳴戲稱它為武俠小說裏的「乾坤大挪移」呢。後來索羅斯團夥繼續狙擊港元的時候，金管局還是繼續用挾息的方法應對。我們當即指出這個方法是愚蠢的，它一方面打擊香港的本地經濟，另一方面幫炒家賺錢。當炒家食髓知味，他們怎麼會不再來？終於，金管局被迫直接入市購買股票托市，目的是令拋空香港股票的炒家輸錢。後來，金管局把手上的股票打包成「盈富基金」給人認購，那些都是後事。

任志剛對我們提出的方案不以為然，他甚至去北京爭取支持，聲稱提高港元利率應對炒家的方法是必要的，還獲得了北京相關部門的支持。他們對炒家的錯誤分析，都記載在 1998 年 4 月底金管局發佈的《金融市場檢討報告》裏。我們當時一直跟金管局在報章上打筆仗。我們利用經濟學理論、財務學理論和博弈論分析國際炒家可能會通過什麼手段狙擊港元，以及應該如何應對。分析透徹之後，我們自然有把握和信心。這些論戰，當時大都發表在《信報》上。後來

我們將文章匯總，出版了兩本書，第一本的書名叫《為港元危機斷症》（1998 年 1 月初版），由我和雷鼎鳴合編；第二本的書名叫《再論港元危機》（1998 年 9 月初版），由陳永豪和關蔭強合編。

前文提到的諾獎得主 Miller 教授不但於 1998 年 1 月在香港舉辦有關港元危機的公開講座並回答聽眾提問，還在同年 11 月 14 日到香港立法會財經事務委員會特別會議作供（網上會議公告顯示，當天作供的除了他之外，還有科大「小組」七位成員，以及來自另外四所大學的四位財經學者）。他支持「小組」提倡的「港元認沽期權」或者「聯匯保險」，儘管他採用了另外一個財務名稱——「結構票據」。他的演講內容和回答的中文翻譯都收入《再論港元危機》書中。

金管局於 1998 年 9 月 7 日推出的所謂「任七招」，說白了就是取消「港元流動資金調節機制」而設立「美元流動資金調節機制」，開設一個銀行從金管局獲取港元的美元「貼現窗」。同年 9 月 14 日推出的所謂「任八招」，起因是金管局總裁任志剛在一個訪談中透露，金管局考慮在短時間內把港元現貨匯率從不規範的 7.75 調至法定的 7.8 水平。上面說過，這個調整相當於將港元貶值 0.65%，對任何手持港元的人和機構來說都是損失。一個避免損失的方法是把手上的港元換成美元（現象是「資金流出香港」），等待匯率調整

後再換成港元。在大量資金流出香港的突發金融事件後，金管局推出所謂「任八招」：金管局保證六個月之內匯率維持在 7.75 水平，用以消除金融市場對港元可能貶值的恐懼。這個保證就等同於以行動採納了「小組」所建議用來增強對港元信心的「港元認沽期權」，而金管局給出的六個月保證期就是期權的明確時限。唯一不同的地方就是金管局的保證是官方承諾，而「港元認沽期權」的保證是以合約方式確定下來。

派了這顆定心丸之後，金管局跟著用五百天的時間逐步把匯率從 7.75 微調至法定匯率 7.80；因為每天微調的幅度極微小，資金進出的交易成本比避免極微小貶值的好處還要大。也就是說，金管局以長達五百天的微調處理不規範的現貨匯率的問題，並沒有引起資金外流，是事先預計市場反應的穩妥做法。

上面這個例子說明，財務學、經濟學和博弈論的分析是有效的，不懂分析，就容易闖禍。不過，具體問題必須放到問題的實際背景中去分析，不能憑空而論。當時政府大規模入市，以購買股票托高股票價格和指數的戰術與拋空港股的國際炒家對決。此後一段時間裏，任志剛主動邀請香港財經學者，諮詢有關金管局計劃推出的港元貨幣局管理新措施，包括前文提到的用五百天時間逐步把匯率從 7.75 微調至法定匯率 7.80 的做法。這種謙虛的舉措值得稱讚！假如我的

記憶不錯，他還請學者們吃飯，酬謝他們為金管局提意見。

科大改制

　　香港科技大學一開始訂立的目標，就是要成為一所優秀的研究型大學，而研究型大學在 1990 年的香港還是新生事物。怎麼定義優秀的研究型大學？當時有個傳說，說科大的目標是要成為亞洲的麻省理工學院（Massachusetts Institute of Technology, MIT），但原來這只是記者對創校校長吳家瑋的假設性提問，並非吳校長自己的目標。他完全清楚，科大要發展成為 MIT 這樣世界最頂尖的理工科學府是不切實際的幻想。相反，他認為以工科著稱的卡內基•梅隆大學（Carnegie-Mellon University）是一個比較現實的參照坐標。假如用二十年的時間科大能夠接近這所美國大學的水平，那將是一個驕人的成就。

　　我覺得科大的成功，最重要的因素就是創校校長吳家瑋教授。吳校長這個人真不簡單，不僅是具有遠見卓識（visionary）的領袖，而且精力特別充沛，一個星期工作七天，白天黑夜都在為科大籌謀發展大策略和小計謀。當時科大是香港第一所打出研究型大學旗號的大學。中大的發展過程似乎就是一直在追趕港大，雖然它也有突出領先的領域

（比如早期新亞書院的國學）。追趕了五六十年，現在大家可能感到這兩所大學的水平差不多，但不少人還是認為歷史最悠久的港大優於中大。從我的角度來看，吳校長領導下的科大並沒有走中大的發展道路，它走的是一條「出口轉內銷」的路——就是先在國際上打出名堂，當有一天香港人突然發現，原來科大國際聲譽崇高，甚至超越了港大和中大，於是讚賞科大的成就，認可它的學術質量和聲譽。

科大走國際化的路很成功，創校短短十幾年後，國際上有地位的大學開始留意這所新晉大學，而且香港各所大學都先後抄襲科大模式，包括把教員的職稱從英式改為美式，以及採用授予終身教席的美式大學升遷制度。不但如此，連新加坡的大學改制過程也有些東西是從科大偷師的。我知道這背後的關聯，因為我當科大商學院院長的時候，院裏的新加坡籍教授要求把學院邀請世界其他大學學者協助的信件內容（要求他們評估被考慮升職的商學院教授的學術水平及國際地位，並回答後者可否在他們的大學獲得升職的問題）跟新加坡大學管理層分享。我同意了，因為好的制度大家分享，符合人情和道義。

商學院開始招生的時候，科大剛成立，還是一間不出名的大學。如何錄取足夠數量的好學生？學生為什麼要來報考科大？吳校長是物理學者，在美國可能沒有很多商學方面的人脈，難以發動那邊的財經和管理學者，像他那些參

與保釣運動的理工科兄弟姊妹們，前來幫忙建立商學院。
但這並沒有難倒他，他到美國八所著名商學院敲門，看誰
願意幫助他建立科大商學院。最後，他居然成功地說服了
UCLA 的 Anderson School of Management 的院長、經濟學者
J. Clayburn La Force 答應跟他合作（事實上更多是援助），
因為自 1978 年開始擔任院長的他希望 Anderson School 進
一步國際化。La Force 除了自 1991 年起擔任科大商學院署
理院長以外，還多方面運用 UCLA 的資源為科大建立商學
院出了很大的力氣。科大的 MBA 課程幾乎就是 UCLA MBA
課程的拷貝，UCLA 還派教授過來協助科大商學院的教學和
管理工作，更在大學開學之前，其學術副院長兼教員主任
Carol Scott 教授就幫科大聘請了第一批學者。還有，假如科
大決定約滿不留其中一些學者，他們還可以到 UCLA 客座一
年，利用那一年時間找工作，結果後來真的有商學院不續
約的教授到 UCLA 去客座一年。所以 UCLA 商學院在科大商
學院起步階段所起的作用非常巨大，科大對此應該永遠感
恩。我當院長時就是這麼跟 Anderson School 的新任女院長
Judy Olian（澳大利亞人，2018 年開始轉任美國私立大學
Quinnipiac University 校長）說的。

　　Anderson School 為科大花了這麼大的力氣，甚至流失
了幾位前來援助科大的教授（他們與科大的合約完成後沒有
回去 UCLA，包括下面談到的 Sheridan Titman 教授），但後

來並沒有與科大商學院合作開發面對東亞市場的課程或研究
項目。UCLA 花大力氣挖井卻不取水，對我來說是一個謎。
後來終於有機會向 Anderson School 一位資深的副院長深入
了解，才知道因由。原來 La Force 在 1993 年 6 月退休後，
專業為 Operations Management 的繼任者只忙於自己的諮詢
工作賺錢，沒有把足夠精力放到學院的事務，也不在乎與科
大合作的機遇。據說他只幹了幾年就被免職了。這個例子說
明不願意把學院的發展利益放在自己的個人利益之上的人當
院長，只會害己害人！

　　科大的商學院是否成功呢？成功的標準是什麼？ 1993
年初，遴選首任院長時，遴選委員會主席問其中一位候選
人，你們多少年內可以將商學院做到一流？多少年後科大商
學院能達到港大和中大商學院的水平？遴選委員會其中一位
成員、來自 UCLA 的正教授 Sheridan Titman 說，他認為科
大商學院現在就已經比其他兩所大學的商學院強了。主席完
全無法理解，甚至不相信該教授的判斷，因為香港沒有人認
為科大商學院在 1993 年已經趕上中文大學商學院（其實當
時港大並沒有一所具真正意義的商學院），所以他對這個好
像毫無根據的判斷很震驚，也難以相信。

　　Titman 教授是金融領域的表表者，現在是美國德州
大學金融系講座教授兼系主任。他曾獲得很多大獎，是
American Finance Association 的院士，也是該學會 2012 年

度會長，在財務學術界的地位可想而知。他在房地產財務方面也貢獻良多，還是相關學會 American Real Estate and Urban Economics Association 2018 年度會長。他在 1993 年作出的判斷主要是根據科大教授的學術水平及國際地位比另外兩所大學的同行強得多的客觀事實。

在科大改制之前，香港各政府資助大學的學術人員編制基本上都是學習英國，甚至採用的不是新版本的英國大學制度（例如，英國最強的商學院 London Business School 很早就採取美制）。在英國制度下，一位學者入校時當講師（lecturer），到退休年齡時還是講師，也非常光榮，沒有什麼不好。1992 年來科大的時候，科大的學術人員編制還是英式的，我的職位是準教授（Reader），上面是教授（Professor）。在舊式英國制度下，一個學系只有一個教授的位置，所以只要相對年輕的學者坐上教授寶座，同系的其他學者就不用做教授夢了。據說，最偉大的經濟學大家之一凱恩斯當年就是因此而終其一生都無法成為劍橋大學的教授。而今天的劍橋除了老傳統那些所謂 Structural Chair 教授的稀罕教席之外，還可以添加所謂 Personal Chair 教授，讓成就特別突出的學者也能成為教授。

科大從 1994 年開始改用美式制度，設立助理教授（assistant professor）、副教授（associate professor）、正教授（professor）的編制，並且助理教授成功升為副教授時就

一併授予終身教席（tenure）。但在香港，終身教席稱為「實任」（substantiation），我問英國學者他們有沒有用這個詞，他們說沒有，他們跟美國人一樣稱為 tenure。

在新的制度下，助理教授有兩個三年合約（第一個合約期內的表現決定是否獲得第二個合約）共六年時間證明自己，如能發表足夠高質量的研究成果，加上合格的教學及服務表現，就可以升副教授並獲得終身教席，而不達標的助理教授就請另謀高就。這個制度設立之初，學校還特別考慮到科大最早幾年實驗室等設施還是在建造階段，所以給最早幾年加入科大的助理教授多加兩三年時間，之後才面對六年升不了就離職的新規定。

據我所知，剛開始的時候，有些做學問不是做得那麼好、成績比較弱的助理教授（包括經濟系的一些同事）有一個比較天真的想法：我既然已經來了科大，難道科大會把我趕走嗎？事實是真的會把他們趕走。為了提防開了壞的先例，以後再要保持高標準會落人口實，甚至帶來挑戰，所以頭幾批教員升職的標準特別嚴謹。看到成功獲得升職的這些人的表現，升不了職的人自己應該心裏明白，無法說不公平。科大就是採用這麼的高標準，你不達標就只能離職。不滿結果的同事可以申請覆核程序是否符合大學規定，不符合的再走合規程序，之後作出新的結論。但覆核並不是針對升職或者實任本身的結論和建議，僅針對程序是否合規。

　　幾年下來，符合科大的高標準獲得升職和實任的學者就是將來的把關者，他們將來集體「放水」給業績不達標的後輩同事，機會應該極小。我覺得引入可以授予終身教席的美式升遷制度是科大的特色，加上審慎和認真的執行，保證了教授的高水準。因為科大帶頭改制，後來香港其他大學也都先後改制，連新加坡大學都向它偷師。

　　科大創校，在聘請學者方面也比較謹慎。吳家瑋校長從美國邀請回來協助創建科大的一批學者，在學術界都有很高的地位和聲譽，有些已屆退休年齡或已經退休。所以，他們不單訂立聘人標準，而且負責招聘有潛質的優秀年青學者和有成就的副教授及教授。因為他們都是有名聲和地位的學者，更能吸引優秀學者。於是，從一開始科大的師資就處於高水平。至於香港公眾對科大的評價，對學術界不太了解的人（包括學生和家長）就只能參考其各個學院的世界排名了，下面再詳細交代。

借力大學排名遊戲

　　科大很早就參加國際性大學和院系的排名，並且受益極大。如果沒有國際大學排名遊戲，商學院的聲譽也不會那麼快建立。通過參與國際大學排名獲得國際聲譽，形成「外銷

出口」，再透過以國際聲譽在本地揚名，利用「出口轉內銷」建立本地的聲譽。基於多種排名榜的亮麗成績，畢業生可以找到更好的工作，有機會做出更好的成績。此外，科大其他三個學院的同事們也開始對商學院刮目相看。以前香港社會大眾未必知道科大有商學院，現在知道它不但有商學院，而且揚威國際了。以前沒想過將子女送到科大的香港公務員，部分現在可能會考慮讓自己的子女唸科大的商學院課程了。隨著其他三個學院在國際排名中屢屢報捷，科大的整體聲譽持續提升。

科大建校二十五週年的時候，吳家瑋校長回科大主持一個回顧建校初期發展的論壇，我獲邀在論壇上講話。我說，以前曾經聽說有些大學高層私下憂心忡忡，擔心商學院還沒有成長就夭折了（die on the vine）。其實商學院各個系都很努力做了很多工作，獲得好成績並引起國際經管學界的注意，但高層並不清楚，所以擔憂也是可以理解的。如果排名的遊戲沒有出現，他們可能要多等若干年才會認識商學院的成果。

在我當院長期間，不但清華、北大、復旦這些內地著名大學會聘請科大博士畢業生當助理教授，連香港、新加坡、澳洲、英國、歐洲大陸、美國和加拿大的大學都有，而第一批畢業的博士生有些已經在澳大利亞的重點大學升上正教授的位置。但我最喜歡用來說明科大商學院博士畢業生質量的

例子，就是第一位被英國劍橋大學商學院聘請的市場系博士畢業生 Vincent Mak。今天他已經是該學院的教授（英國大學的 Professor，之前他是 Reader，剛開始時為 University Lecturer），也是該學院負責課程及研究的副院長。另外一個例子就是第一位被加拿大多倫多大學管理學院聘請的財務系博士畢業生，他來自內地，名字記不起了，後來不但獲得終身教席，還成為其他大學羅致的對象。

《金融時報》（Financial Times）的 MBA 和 EMBA 排名會參考多個數據，不但包括畢業生就業成功程度、職業發展進度（包括薪酬增幅和達致職業目標的程度）、課程的滿意度（包括物有所值度、願意給予推薦程度、教授研究成果等），還包括多元化程度（包括學生、教授與商學院顧問的國際化程度和女性學生、教授和學院顧問的比例）和國際學習和就業機會等。其中教授研究成果與博士課程的聲譽是息息相關的。在 2011 年的全球 MBA 排名榜上，科大 MBA 課程排行第六，而研究排名第十四，達到歷史高峰。

「此外，亞洲很多知名企業都聘用了科大的本科、MBA、EMBA 及其他碩士畢業生，證明學院有實力、有成就。再加上成功借力排名遊戲，得到廣泛的稱讚，科大商學院變成了一個異常成功的新晉商學院。」《金融時報》曾經如此描述科大商學院的總體成就，商學院也有好幾年把這個描述用來作宣傳。

科大商學院較早透過國際排名引人注目的是它的經濟系。一位中文大學的教授告訴我，他的某位同僚根據學術論文發表的質量和數量，對亞洲不同大學的經濟系進行排名，科大排第一而中大排第二。這個排名在一份稍有名氣的經濟學學刊 Economic Inquiry 發表後，一下子就吸引了亞洲學術界的注意力，後來還有幾位日本經濟學者跑到科大作短期訪問，想親身探究科大為什麼這麼厲害。在日本人心目中，他們的經濟學應該是亞洲最好的，怎麼會讓科大和中大趕超自己，跑在最前面呢？後來也有不同的經濟學全球排名，科大的經濟系較好排名是在全球前四十，在亞洲不是第一也屬於最前列。

但真正讓科大商學院在國際上打出名堂的，還是 MBA 及 EMBA 課程的全球排名。科大成立之初，搞 MBA 課程排行榜的是一份東南亞人辦的雜誌，叫 Asia Inc.。主辦者要借助大學排名推廣自己。在這份雜誌的第一次亞洲、澳洲 MBA 課程排名榜上，科大商學院好像是排在第七名，在榜上的還包括日本、韓國、澳大利亞等國家著名大學的商學院。對科大商學院來說，這個排名並非很值得驕傲，但是香港以外的歐美同行看了，卻對科大商學院另眼相看。當時作為 MBA 課程主任，我跑到在歐洲舉行的 MBA 國際會議上去跟與會的大學談 MBA 學生交流，對方表示願意合作。他們告知，最近看到科大的排名，很不錯。當時科大自己並不

滿意的排名，他們卻認為反映了教學科研質量。不過想想也對，他們根本沒有其他的渠道了解你，第三方排名給學生、學生家長、僱主和合作伙伴都提供了有用的信息。不過，這個雜誌後來的排名隔年變化極大，今年排得很高，明年可以排得很低，難以解釋，不是隨機就是隨意。在包括科大在內的亞洲與澳洲主要商學院的抵制下，排名遊戲被迫結束。

　　讓科大商學院真正產生國際影響力的，還是後來《金融時報》的全球 MBA 及 EMBA 課程排名榜。儘管人類已經進入公元第三個千年，但美國人長久以來都認為美國就是世界，所以他們搞的排行榜很長時間都不包括美國以外的大學、學院和課程。英國人不愧是前全球帝國的後裔，他們看到機遇就另闢蹊徑，做全球大學和個別學院甚至個別課程的排名。《金融時報》1999 年開始進行全球 MBA 課程排名，選出全球前五十名，其中美國大學佔三十一個位置，英國佔八個位置，加拿大佔三個位置，歐洲的法國、西班牙、荷蘭和瑞士共佔八個位置，其中法國佔四個位置，但亞洲、非洲、中南美洲和澳洲連一個位置也沒有。考慮到 MBA 課程是美國人的發明，而排名公式卻是英國人制訂的，所以在全球前五十的 MBA 課程裏，這兩個國家合共佔其中近 80% 的比例，也並不奇怪。

　　進入新千年，在 2000 年《金融時報》的 MBA 的排行榜上，一共選出全球七十四名最佳的 MBA 課程，包括唯一

的亞洲商學院，就是排名第七十的香港科技大學商學院！科大商學院成為亞洲唯一上榜的商學院。同年澳洲也有兩所著名大學的商學院上榜，分別排在第五十六位和六十五位。

科大商學院同仁，包括負責 MBA 課程的同事當時都感到既高興又震撼，自己成了亞洲 MBA 課程第一的商學院，其他亞洲大學商學院都沒有入圍！其後科大商學院的排名持續攀升，進入前二十名，我在科大最後三年還令人驚喜地進入了前十名，把其他亞洲、澳洲的商學院遠遠拋在後面。那時候，不論是香港、內地，還是外國，關注 MBA 課程的人都知道，香港科大商學院辦得非常好。但排在全球前十名，連我這個有情感偏好的院長也認為是難以想像的。但難道要拒絕人的謬讚？當然不會，搞個慶祝會與同事和校友共同開心就是了。

在我當商學院院長六年多（包括二十個月的署理院長）期間，科大與 Kellogg School of Management 合辦的 EMBA 課程（稱為 KHEMBA，學生都是資深管理者）在我上任第一年就在《金融時報》排行榜上首次排行世界第一，第二年排行第二，往後四年蟬聯第一。我離開科大後的第一年，該課程還是獲得首名，這些第三方的排名是人在讚美自己，功效遠超自吹自擂的廣告，我們當然高興啊。該課程後來繼續獲得殊榮，包括最近 2022 年、2023 年又拿下第一，好像一共十二次了，把其他院校的 EMBA 課程遠遠拋在後面。

事實上，獲得這麼好的成績背後並非沒有一個痛苦的奮鬥過程。1993 年陳玉樹出任首任院長，他邀請我當副院長（Associate Dean，美式職稱）。我們都從中大畢業，他上的是崇基學院，我上的是聯合書院，後來我們本科畢業時一起去柏克萊留學。再加上我回香港，跟他首先加盟科大也有關係，所以他當選院長後我樂意擔任副院長輔助他。

MBA 課程是在我加入科大之前一年開辦的，課程的管理由一位來自 UCLA 的管理人員負責。他叫 Ernie Scalberg，在科大商學院擔任 Pro-Dean（科大開始時候對副院長的英文稱呼）職位。除了 MBA 課程，他也負責學院運作的部分管理工作。後來他被美國紐約 Fordham 大學任命為商學院院長，就離開科大了。他離開後我就負責該課程，並且成為首任 MBA 課程主任。我的主要工作是提升學生的質量並思考如何把原來的 UCLA 課程設計本地化，令它更加符合香港和亞洲的情況和需要。

當時商學院剛起步，MBA 畢業生不好找工作，最根本的原因是因為他們大都沒有足夠的工作經驗，再加上這個課程還沒有名氣。此外，一些投資銀行絕少會聘請本地大學的畢業生，他們基本上只請外國名牌大學畢業的。經過努力，本港一些大公司改變了對科大畢業生的看法，改善了他們的就業情況。令我意外的是不少外資公司根本不知道科大有 MBA 課程，當他們知道科大 MBA 課程有 UCLA MBA 的血統

之後有更正面的回應，聘請了不少科大 MBA 畢業生。一屆屆畢業生的努力和成功，給後面師弟師妹創造了更多機會。不過，管理 MBA 課程並非我的專長，我只是一個過渡的管理員，最終必須找一位有豐富經驗的 MBA 課程主任，才能有長足的進步。

我從 1993 年暑期開始當商學院副院長。此外，除了 1994 年下半年之外，我也先後擔任經濟系的署理系主任和系主任，兩份行政工作的工作量都很大，因為經濟系和整個商學院都在快速擴張，需要大量僱人（1992 年商學院只有三十多位教授，四五年後規模就擴大到超過一百人，此外還聘有數目不小而且流動性更高的非教授職稱的教員），也必須做好課程質量保證工作，還要與外界建立合作關係，對外擦亮招牌，真是要命！行政工作之外，還有正常研究工作，再加上香港經濟學界決定為香港回歸出版幾十本有關香港經濟的專著。我和港大的王于漸負責一本有關香港貨櫃碼頭服務業的專著，同時和科大同僚武常岐負責一本有關香港公用事業的監管制度和香港競爭政策的專著。作為學院唯一的副院長，院長不在的時候我必須負責整個學院的事務。把以上的工作加在一起，我的壓力到了「爆煲」的程度，就坦白告訴陳玉樹，我真的無法繼續負責管理 MBA 課程了。

我擔任商學院副院長職務的初期，並沒有兼任經濟系系主任。系裏一直想從外面聘請人當系主任，可是請來請去

都請不到。想來的，我們認為他不合格；我們認為他合格
的，他不來。系裏後來對我有意見，尤其有一個比我更資深
的同事李龍飛，他當時是全球發表計量經濟學論文頭幾名
的經濟學者。他是澳門人，也在中文大學畢業，然後去美
國 Rochester 大學唸博士，畢業後到 Minnesota 大學工作，
研究成績驕人，從助理教授一直升至正教授，到過佛羅里
達大學兩次（因為他在 Rochester 的論文指導教授轉到佛大
工作，想羅致他）。作為舊同事，我們的關係密切。他說：
「系裏面沒有系主任，為什麼你不在系裏當主任，卻去負責
學院的管理工作？院裏的工作可以交給其他學系的同事負責
啊。」我同意他說的話有道理，所以我決定回系裏當系主
任。從 1995 年夏天開始，一當就先後當了十年，直至 2005
年夏天。

　　說回 MBA 課程的管理，商學院結果聘請了一位專業
的、有管理 MBA 課程豐富經驗的新主任 Steven DeKrey。他
既是陳玉樹在西北大學 Kellogg 管理學院的老同事，也是我
在佛大商學院的舊同僚，後來成為科大 MBA 及 KHEMBA 課
程的大功臣。

　　DeKrey 來了之後就提出要招收最少有三年工作經驗的
MBA 學生，因為學生如有比較豐富的工作經驗，畢業的時
候管理能力便比較強。不但找工作更容易，工作崗位和薪酬
也更高。我和院長都支持，即使這個要求可能會在短期內令

MBA 班的規模有所縮減，但都在所不惜，有心理準備要忍得住痛給予支持！寧願課程減少招生人數，也要求錄取的學生最少要有三至五年的工作經驗。自此以後畢業生的水準提升很多，僱主更願意聘請他們，就業的好消息也令更多有三年以上工作經驗的初級管理人員願意辭掉工作來科大唸全職的 MBA 課程（星期六上課的科大兼職 MBA 課程和本地其他大學的兼職 MBA 課程都是本地初級、中級管理人員一個低風險的選擇），啟動了課程上升的螺旋，成為後來優越排名的基礎。

上面說過，科大與西北大學 Kellogg School of Management 合辦的 KHEMBA 課程的排名比科大自己辦的全日制 MBA 課程的排名還要靠前。這個課程超級成功有幾個因素。首先是 Kellogg 當時的院長 Don Jacobs 的眼光。全球第一個跨洲合作辦的 EMBA 課程就是他的創意，不記得他的第一個合作伙伴是以色列的 Tel Aviv 大學還是德國的 WHU 大學，總之是 1997 年或者更早的事情。第二個原因就是兩所商學院的院長是舊同事，因為當 Jacobs 把眼光投到東亞時，看到他以前 Kellogg 財務學系的舊部陳玉樹當了科大商學院院長。第三個原因是科大校長吳家瑋曾經在西北大學當過教授。這兩層舊同事、老朋友的關係令合作的探討和談判更加順暢，很快兩校決定合作，課程從 1998 年創始。第五就是 Steven DeKrey 的才幹和他開創型的領導及管理能力。作

為 KHEMBA 課程創始主任，把這個橫跨亞洲美洲的新課程辦得有聲有色，成功打造成世界一流的課程，Steven DeKrey 功不可沒！

　　不過我告訴同事，科大商學院的驕人排名固然是教授和學生努力的結果，但也是得益於亞洲地區的崛起，這令我們事半功倍。還有一個因素是外人不知道的，就是我透過 DeKrey 告訴《金融時報》MBA 及 EMBA 排行榜的負責人，他們把不同國家和地區畢業生的非美元薪酬透過外匯市場匯率折算為美元單位，然後進行比較，這樣的做法既不合理，也不公平，因為不同國家和地區的生活成本高低差距很大。作為經濟學者，我認為他們應該應用「購買力平價」（Purchasing Power Parity）的方法計算收取不同貨幣薪酬的畢業生的實際收入後再進行比較。這些數據，經濟學者在計算不同國家和地區的實際 GDP 的研究中都常用到。他們從善如流，採納建議，結果亞洲地區 MBA 及 EMBA 課程的排名都有所上升，其中也包括香港的課程。不過，我事前沒有想到的（卻是合理的）其中一個結果，就是雖然香港的課程獲益，但最大的獲益者卻是中國內地和印度的商學院（例如上海的中歐商學院和 Hydrabad 的印度商學院）。他們課程的排名上升幅度更大，因為當地的生活成本超低！

　　在 1993—1996 年期間，我是科大唯一的副院長，其他三個學院還沒有意識到有必要設立副院長的職位，因為他們

還沒有課程是在學院層面管理的。相反，商學院從一開始就有一些課程必須由學院而不是學系負責管理，包括 MBA 和博士課程。初始的博士課程是我跟一位 UCLA 的榮休教授共同設計的，所以我也是學院的首任博士課程主任。無論博士生報讀的是哪個學系，他們都必須修讀博士課程的核心課。後來我必須管理 MBA 課程，就只能請其他資深教授負責博士課程。隨著學院新課程不斷推出，在學院層面管理的課程還加上 KHEMBA 課程和一個科大自己開辦、目標學生為內地高管的「中英雙語 EMBA」課程（用英語上課的都有即時翻譯，即使學生英語水平不高，他們也歡迎有機會學習一些管理界重要的英語概念和術語），以及一些跨學科的經管碩士課程。

在科大商學院裏，哪裏有活要我幹，我就認真地幹，但都不是我的人生規劃的結果。相反，在 2007 年開始當署理院長（Acting Dean）之後，我就決定要主動爭取院長的工作。因為學院能否穩定發展，對我來說是很重要的，結果就在那個職位上幹了四年半，取得滿意成績後過檔到嶺南大學。

解決危機

2007 年左右，科大商學院遇到很大的危機。什麼危機呢？以前商學院的薪水還是可以的，後來香港出現經濟危

機，政府公務員凍結薪水，大學只能跟隨，而時任教育統籌局局長李國章提出科大與中大合併的方案對科大的軍心也有些影響。但更加麻煩的是其他大學用高薪來挖人。於是，商學院的教授成為本港其他大學、新加坡大學、澳洲大學、歐美大學，甚至內地大學挖人的對象，而部分教授也因為薪酬的差距而離開了。在科大起步階段，新加坡大學挖人是不足為患的，但後來在新校長的領導下採用新的大學體制，減少教員人數，提高教員薪酬，積極全球挖人，在 2007 前後幾年它對科大商學院有比較大的殺傷力。

在完成為期十年的系主任工作後，從 2005 年夏天開始，我在系裏當沒有行政任務的普通教授，準備繼續教學及研究工作，直到退休。在我當過商學院副院長職位之後，本地、新加坡和澳洲的好幾所大學邀請我考慮它們商學院或者社會科學院院長職位，但我都不為所動，因為我覺得科大是最好的地方，不想離開，計劃留在科大工作直到退休。

2007 年 6 月份我在美國休假的時候，收到雷鼎鳴的電郵，要我準備好回來當商學院的署理院長。他說時任院長的陳家強教授將要加入香港政府，後來他果然在 7 月份加入香港政府，成為財經事務及庫務局局長，先後服務兩屆政府共十年之久。6 月底休假回來後，校方邀請我以署理院長的身份接過陳家強的工作，我欣然接受。當時最棘手的問題，就是如何解決商學院教授流失的問題。我有份建立這個學院，

不能看着它垮掉。一個學院從無到有已經不容易，一旦垮了，想重建可能會更難。

幸好當時大學高層支持我解決教授的低薪酬問題，允許商學院用自己從自負盈虧的碩士課程所獲得的財政盈餘給教授加薪，令他們的薪水達至國際市場同等水平。要留住教授，除了感情，還需要依靠有競爭力的薪酬。其實學院手頭是有錢的，EMBA 課程和其他多個碩士課程賺了很多錢，但需要大學高層不反對讓商學院用自己的資金來提高教授的基本薪酬（basic salary），而非以校方酌情發放、令教授不放心的補助金（discretionary allowance）形式加薪。幸運的是，校方從善如流，同意了。的確，校方是承擔了一些風險，那就是假如商學院的盈餘不幸無以為繼，大學也要繼續支付教授的基本薪酬，不像補助金，大學可以根據財政狀況停止支付。不過，這個風險是相對低的。

我也向商學院的教授承諾，我會用幾年的時間逐步消除學院與市場薪酬之間的明顯差距，同事相信我的承諾，結果成功地將商學院的教授們給基本穩住了。因為形勢危急，學院當時的聘人方式也比前進取。例如，作為離職重災區的市場系有三個助理教授位置，我們怕給出的聘書部分不被接受，浪費了爭取市場最佳候選人的機會，最後請不到優秀人才。我同意他們同時發出六份聘書，結果請到四位，穩住局面，而額外的一個職位的成本由學院負責。

成為院長後，我不但用絕大部分時間處理行政和人事工作，而且也調整了自己的職業目標，從追求個人成就（personal success）轉變為學院的機構成就（institutional success）。在我看來，院長的角色就像一個帶兵的元帥，理想的狀況是手下猛將如雲，而院長的工作就是給他們創造優異的學術環境、物質條件，還有適時的讚賞，幫助猛將們更好地衝鋒陷陣，為學院和大學創造佳績。院長就是一個為大家服務的公僕；一個與同僚共同磋商、聆聽不同意見的決策者，決定學院做什麼、不做什麼、應該如何做；一個指揮資源應該去什麼地方的交通警察；是一個為大家打氣，為作出好成績的同事鼓掌的啦啦隊領隊。於是，大學的榮譽就是自己的榮譽，學院的成就就是自己的成就，學院的教授發表論文就等同自己發表論文一樣開心。我工作的其中一個方面就是確保商學院的教授們不用分心去市場找工作回來談判加薪也可以基本上獲得他們應得的報酬，讓大家更加團結，全心全意留在科大努力工作。雖然學院失去了少數一些在外面拿到超高薪酬的教授，但保證了更多優秀的人才留下來，有一個更好的團隊，為學系、學院和大學拼命。

商學院教授一般都能在外面獲取超高薪酬，假如他們在科大得到市場合理的薪酬就願意留下，那我一定努力令他們留下安心工作。但假如他們真的希望獲得超高薪酬，那只能說捨不得他們，祝他們一路幸運。我有一位副教授同事在新

加坡一所商學院拿到超高薪酬，比科大的正教授還要高，簡直就是講座教授的薪酬。和系主任商量過後，知道該副教授的想法，我決定不留他。據說那裏新來的院長為了搶人，外面的教授只要肯加盟，要多少薪酬都給，兩年後就把大學給學院的錢花光，被解除職務，改任校長特別顧問，成為管理學界的笑話。但萬萬想不到的是，我的繼任者居然就是他。據聞他在 2014 年 9 月上任後惡評如潮，商學院教授不支持，結果是上任一年後大學宣佈他被任命為校長特別顧問，六個月後不再擔任商學院院長。他的任命和下臺是商學院的不幸。新院長要等到 2016 年 4 月才正式上任。

我當院長的時期，科大商學院排名很高，是商學院一個相當光輝的時期。後來科大其他三個學院也加入排名，獲得驕人的成績。科大以理工科為主，又有很好的商學院，人文及社科學科的排名也很靠前，整所大學被評為最年輕的前列研究型大學。學術上出類拔萃，課程質量高，培養的學生工作能力強，僱主滿意度高，科大因此成為世界一流大學，變成一個大學發展的奇蹟。

2011 年，世界銀行出版了一本書，名為《走向學術優異之路：世界頂尖研究型大學是如何建成的》（*The Road to Academic Excellence: The Making of World-Class Research Universities*），其中第三章「研究型大學的崛起：以香港科技大學為例」（The Rise of Research Universities: The Hong Kong

University of Science and Technology），就是分析科大如何用了不到二十年的時間，成為亞洲前十名的研究型大學。科大成為一個成功的經典案例，這麼快就有了全球影響力。除了學術上的成就以外，科大科技創業也是有口碑的，例如無人機領域的全球霸主大疆科技就是在科大誕生的。廣州市政府看到了科大的成就，邀請科大到廣州南沙區建立一個新校園，承諾提供跟香港政府一樣多的經費補貼，令人羨慕。

第四章　嶺南大學改制

　　我到嶺南大學當校長，當然是希望把這個學校辦得更好。任何人來這裏，都應該朝這個方向努力。我開始當校長的時候，香港大專院校面臨的大環境在改變，不光是部分時間社會發生動亂，而且教資會對大學的期望不斷提高。大學的發展必須與時俱進，所以改變是無可避免的。

　　來了嶺大之後，我才知道它面臨的挑戰比我來之前所想像的更大。有些方面並不是很方便公開講，但是我都有向校董會坦誠反映。首先，這個學校的制度有很多欠缺，作為校長，我最主要的工作就是要建立及完善學校的規章制度。也就是說，還沒有的制度就必須建立；現存制度有缺失的，就必須補救完善。

　　我上任的時候同時也有其他新人進來，包括同年進來的蔡宗齊教授與 Shalendra Sharma 教授等，而兩年後還有新任的副校長莫家豪教授等。在我第二年時 Sharma 教授擔任代理副校長一職，之後任協理副校長，專注保證學術質量與國際化。我們這些新來的人，看待這個學校狀況的眼光就跟許多長久在這裏工作的同事不一樣。一些已在學校工作很多年的人很回味逝去的舊時光，回味 1995 年之前的事情，甚至認為按照老規矩做事才是對的，渾然不知我上任的時候，已經不是 1995 年，而是 2013 年了。不單其他大學都有長足的進步，而且教資會對所有大學的要求都提高了。顧影自憐無助於面對挑戰，只有改革和提升水平才是出路。

改革工作表現評審制度

我到嶺大之後，先去旁聽學術職員評審委員會 Academic Staff Review Committee（ASRC）的會議是如何決定給申請人續約、升職以及授予終身教席的。這個委員會由副校長擔任主席，成員包括三個學院各一位院長，另外委任三個學院各一位資深教授，也就是一位主席再加六位來自三個學院的委員。

我作為一個觀察員旁聽，而不是以委員的身份參加會議。我發現他們都在很仔細地計算分數：此人的教學表現得多少分，研究表現得多少分，服務表現得多少分，加起來平均工作表現多少分。然後就看這個人有沒有達到升級的分數。達到了，就給他升；如果達不到，就不給他升。總之，無論升級、升級並授予終身教席、加薪，還是續約，都是一樣的操作方法。

我覺得用這個方法決定給教員加薪多少，是合理的。將今年的分數或者最近幾年的平均分數，比一比，誰得高分就多拿一點錢，誰得低分就少拿一點錢，這是可以的。但是用這個方法來決定此人應否拿到終身教席，則匪夷所思。終身教席是一個作出長期承諾的重大決定，一定要慎重，不能這麼簡單地用分數高低來決定。比如，某個人得了 3.90 分跟另一個人得了 3.85 分，如何比較他們的優劣？給不給終身

教席呢？他們用了多長時間取得目前的成績？對他們未來成績如何預測？

　　另外一個奇怪的做法是對於升職及授與終身教席的評審及決定，居然沒有為每位候選人作出一個關於工作表現的評審報告，而是只有投票結果。如要了解評審的原因只能查看會議記錄，這真是一個匪夷所思的制度。首先，申請人在教學、研究及服務三方面的表現水平至為關鍵，委員會對申請人的評審結果必須以此為基礎，而投票結果本身無法說出所以然。第二，會議記錄只是記錄個別意見以及投票結果，無法替代委員會對申請人工作表現的總體報告。第三，有會議記錄，可能會令委員有所顧忌，一些尖銳但關鍵的意見就可能不會在會議上表達。

　　從科大過來的我，對嶺大當時的程序特別有意見。在科大，一位教授要升職或者實任，一共要過七關。最後一關很簡單，就是校長那一關。校長主要就看副校長跟他說什麼，如果是正面的，在正常情況下就行禮如儀。在科大，申請人所在的系裏面有一個委員會先做報告，得出一個建議給系主任。系主任根據報告及自己的判斷給出自己的建議，然後上報到學院。學院也有一個委員會，也將一個建議給院長，院長再得出一個建議給大學。這樣就一共有四個報告了。而在大學層面有一個升遷及實任委員會，基於前面四份報告和其他相關材料進行討論，並把判斷和建議向學術（後來稱為首

席）副校長報告，然後副校長提出自己的建議給校長，最後校長做出決定。所以在科大，評審的程序是三層六個建議，加上最後校長作出的決定。

總的來說，當時嶺南評審升職及終身教席的作法，既有一些優點，但也有嚴重的漏洞。先說當時的制度中的優點吧。假如學系及學院都認為申請人並不符合升職或者拿終身教席的條件，那就不會把該申請人的材料送到外面去評審。相反，科大沒有這個環節，即使申請人表現欠佳，也會把相關材料送到外面評審，不但浪費專家的時間，也可能令大學難堪。

嶺南在制度上不會把一位工作表現明顯不達標的申請人的材料向外送審而影響大學的聲譽，但其他的程序就很有問題。根據嶺南當時的制度，如果經過初步分析，系院兩級委員會、系主任及院長決定申請人可以繼續進行升職或終身教席的評審，就將他的材料送給外面專家評審，等待獲取評審報告。不過人事部收到這些外審報告之後並沒有發到學系或者學院，而是直達大學層面的 ASRC，加上前兩級的報告，ASRC 給出建議，再由校長作最後決定。可是，學系及學院所做的正面建議都是在沒有看到外面專家評審報告之前的初步看法。如果他們看到外面的評審報告，是否還會支持該申請人呢？恐怕就不一定了。所以我所做的一個改進，就是規定收到外面專家評審報告後必須把它們發給系院級的委員會

看，請他們重新作一個建議，然後把新建議給大學的委員會及副校長。以前沒有這程序，大學層面的 ASRC 直接根據外部專家的評審報告及推薦做出最終建議。可是，最了解申請人的，應該就是他所在的學系，然後就是他所在的學院。大學層面的 ASRC 因為離申請人專業更遠，對申請人了解亦相對較少。不過，ASRC 有來自三個學院的六位委員，更能保證大學院系之間要求的水準一致，令決策更加公正。

還有，ASRC 當時的決策程序也是有問題的。假如申請人來自文學院，那按照當時會議程序的規定，投票之前，為了公平起見，文學院的院長必須離開，之後其他委員再投票。這程序有漏洞，因為假如有其他委員在文學院院長離開後提出一些與事實不符的觀點，而文學院院長因為不在場而無法及時反駁及辯解，那就有可能在信息不正確的情況下進行投票，作出錯誤及不公的決定。我問為什麼院長不能留在會議室裏投票？他們說，因為他是該院的院長，投票時不容易做到公正。我問：「你們怕什麼？一人一票，不包括副校長總共也有六票，為何怕他一票呢？」這個奇怪的程序雖然不一定會出事，但還是必須糾正的。我於是作出規定，以後投票的時候所有委員包括申請人所在學院的院長都不須要避席，除非是個別委員與某位申請人的個案有利益衝突。還有，更重要的是，委員會必須為每一個申請者寫一份支持投票結果的評審報告。在科大無論是哪一個層級的評審，都必

須對這個人的各個方面的表現有一個判斷，評估申請人的教學表現、研究表現與服務表現分別處於什麼水平，同時我要求報告的內容必須直接與升職及實任的條件掛鈎。

嶺南原來設定的工作表現評定規則是有問題的。當時校方發給教授們一份相關指引（guidelines），但部分指引寫得不夠清楚，比如升職的要求是教授必須有「重大 / 大量的研究與教學經驗」（substantial research and teaching experience）。還有，指引說要升遷至某一級別的教授職位，申請者必須「具有能力持續作出恰合該級別，包括量與質的貢獻」（ability to make and sustain contributions of magnitude and quality appropriate to the promotional rank）。這些表述太抽象了，要求 ASRC（和院系委員會）各委員對「重大 / 大量」和「恰合該級別，包括量與質的貢獻」都秉持基本相同的尺度是比較困難的。我認為大學不應該沿用這種模糊的評價方式，必須把要求的內容盡量寫得清晰明白，更加具有操作性。所以我要求大學、學院和學系各個級別評審委員會對於教學、研究和服務每一方面的評價，都必須按照大學規定的五個表現水平作出判斷，確定申請者的工作表現究竟是達到哪一個水平。必須澄清，升遷至不同等級的教授（例如副教授和正教授）職位所須要達致的水平要求也是不同的，教授等級越高，要求也越高。

我們規定，申請人必須在教學、研究、服務三個方面都

達到高水平，才能給他升職或實任。例如從助理教授升上副教授（並授予終身教席）必須達到「突出的教學表現加上至少非常好的研究表現」（outstanding performance in teaching plus at least very good performance in research），或者「突出的研究表現加上至少非常好的教學表現」（outstanding performance in research plus a very good performance in teaching），此外再加上「不錯的服務表現」（good performance in service）。任何申請人達致這些條件就可以升職。而副教授的評級要求，例如「Outstanding」的要求，又有別於正教授達致同一水平的要求，以後者為更高。評審委員會在討論個別案例的時候，都必須討論並確定申請人有沒有達到這些條件。在報告中，委員會必須要寫明，建議給予申請人升職或授予終身教席的理由。這樣，我們對申請人工作表現的評價就比較具體，更容易作出比較客觀公正的決定。

上面說過，如果委員知道自己在會上的發言要寫入會議紀錄的話，對某些敏感但重要的內容還會說嗎？我在科大的經驗就是，開會討論的時候什麼重要的考慮都可以講，但會議紀錄不會寫個別意見，因為所有重要的意見都在報告中的判斷及結論反映了。所以我規定，不要會議紀錄，但必須有報告，而且報告必須清楚寫明申請者在升職及實任所規定的三個方面的工作表現究竟是達致哪一個級別。

　　以前還有一個不好的地方，就是上司對下屬員工的評價並不能反映真實的情況。例如，系裏每學年都要對教員的工作表現做一個評審報告，但是如果你去看系裏做出的那些評價，一般都是很正面的。為什麼？因為系主任不想寫令教員不高興的評語或給予他們不接受的表現評級，害怕影響與同事之間的關係。所以，大部分教員都獲得最高兩級的表現。有些系主任到了 ASRC 會議中才說真話，那前面所做的虛假評價不就浪費了嗎？而且不實的正式報告還會妨礙大學作出正確的決定。這些制度都是必須修改的。所以我明確表示，大學的制度和程序都必須改變，升遷實任的標準也必須細化明確化，不能模糊。

　　從助理教授升為副教授，上面說過，在嶺大有兩條路徑，申請人的教學與研究表現都必須達到「Very Good」以上，而且其中一項必須達到「Outstanding」。為什麼研究表現沒有達到最高的級別也可以升職並獲得終身教席？因為嶺大是以博雅教育為特色的大學，所以我願意給一位研究表現只達至第二級，但是教學能力非常突出的助理教授升職並且獲得終身教席的機會。但是，副教授升為正教授就必須在研究上取得突出的表現，而教學與服務表現也都必須達致「Very Good」的等級。

　　這套制度是我來嶺南之後與支持改革的同事花了很大的力氣建立的，對提升嶺南教授的總體學術水平非常有幫助。

以上談的是升職方面的改制,在續約方面,嶺大也基本上採用同樣的標準。為什麼要跟一位教員續約?這是個重大的決定,不能機械性地計算分數。上面說過,假如是加薪,算分數是可以的。後來,大學就把加薪的權力下放到學院了。不過,為了公平起見,學院的建議都必須在大學層面覆核校準 (calibration),消除院際之間的不公,正如院長必須對院內各學系建議的加薪幅度進行覆核校準,消除系際之間的不公一樣。除了自動加薪的部分,還有基於良好表現的加薪。在五個表現級別中,前面三個(「Outstanding」、「Very Good」、「Good」)都可獲得獎賞優良表現的加薪,但不同級別的加幅有所不同,以「Outstanding」的加幅最高,「Good」的加幅最低,符合正常的期望。

在嶺大,部門主管大多有個慷慨的傾向,對員工表現很大比例給出「Outstanding」及「Very Good」的評價,一直以來都有這個「壞傳統」。我們問部門主管,什麼原因給出這兩個級別?很多時候答案是「員工上班很準時」、「我們叫他做的事情,他都做了」。但那種表現只能算是 Good,不是 Very Good 啊,更加不是 Outstanding!只有在正常工作做好之外,在超越分內工作的範圍有好表現才可以算是 Very Good,而且主管必須給出具體的例子。給不出具體例子,員工的表現只是 Good 而已。至於 Outstanding,更必須有具體的例證,證明員工的工作經常超越分內範圍,而且表現

良好。

　　以前那套工作表現評審制度基本是無效的，可謂浪費時間，所以大學在幾年前引進這套新的考核制度，事後證明有成效。可是在新制度下，不少系主任還是想繼續做好人，不願意得罪同事，言過其實的評價還沒有消失，所以大學無法不根據具體情況往下調整。大學對「Very Good」及「Outstanding」這兩個級別的百分比有標準，但不是硬性執行，不過要超出標準卻必須有具體的例証才可以通過。

　　我在擔任校長期間曾經不只一次發出「不達標」的評價給一些向我匯報的主管，因為他們的工作的確無法令人滿意，最後他們自己提出了辭職或者被辭退。

提升員工水準

　　上任之初，我發現為數不少的教授的博士學位是來自名不見經傳的大學，也就是說當時不少教員來嶺南任教之前沒有獲得優秀的學術研究訓練，所以他們的學術水平低下不是意外。這就是老嶺南留下來的一個歷史問題。在香港，學院升格為大學後，沒有博士學位的教員，為了保住職位，通常就去本地或者國外大學讀一個博士學位。但是，這只是滿足學位的要求，不一定能滿足學術研究能力及表現的要求。若

大學是這個樣子，還能請到哈佛、劍橋表現突出的新科博士嗎？

為什麼我到嶺大後帶來比較大的震動呢？其中一個原因是「研究評審工作」（Research Assessment Exercise，簡稱RAE）已經改變了規則和要求。以前 RAE 只不過考核個別教授做研究是否足夠積極、有沒有做出相當的成績而已。如果教授是一位積極的研究者（active researcher），RAE 就給你 1 分，有時還給不達標的教授打 0.5 分，或者 0.7 分等評價。在科大的時候，我就很不滿意這個制度。因為我系有些教授是世界頂尖的學者，比如我前面提到過的李龍飛教授，他在自己的領域的排名曾是全世界前三四名的，他也只能得到 1 分；另外一邊，一個僅過得去的學者也可以拿 1 分，這也太不合理了！

到了 2014 年，RAE 第一次對學者的研究成果有一套分等級的標準，有了四星（世界領先水平）、三星（國際優越水平）、二星（國際水平）、一星（有限水平）及「不予評級」五個級別。在舊制度下，據說嶺大的排名曾經在香港的八所大學中排行第四，處於中游。一旦這個新標準出臺，嶺大立刻就落到最後第六、七、八名了（因為有些大學沒有某些學系）。嶺大很多學系，包括在香港極富盛名的中文系在 2014年 RAE 的排名中也掉到最後的位置去了。這就證明嶺大以前的學術成就只是一般的學術成就，但在 RAE 對學術成果

不分級別的舊制度下，弱點沒有顯露出來，令部分同事沾沾自喜。但自 2014 年 RAE 開始區分級別，嶺大的劣勢就表露無遺了。

我上任之後就提出：嶺大的教授的升職要求可以比人家少一些學術成果，因為嶺大對教授的教學表現要求比其他院校高一點，但只能是在學術成果的數量（quantity）上少一點，而不是質量（quality）上低一些。所以，嶺大的教授必須與香港領先大學的優秀教授在同一個等級的學術期刊上發表文章，但在香港別的大學，假如他們需要六篇高水平的文章才能升職，那嶺大這邊四到五篇就可以給他們過關，但低質量的成果再多也無用。道理就是這麼簡單。

我到嶺大之後嚴格按終身教席制度中有關合約時限（tenure clock）的規定，新聘的助理教授一約三年，最多兩約，在第一次合約中幹得好才會有第二次合約。兩次合約之後無法升副教授的教員按規定離開。此外，我還發現這裏有不少教授成就有限，胸無大志。他們不要求終身教席，也不要求升職，只希望每三四年給他續約，讓他們一直幹下去就好了。這樣他們事實上是浪費了納稅人給嶺大的經費，肯定不能接受。為此，大學就在 2016 年引進一個新的規定：那些在 2012 年嶺大引進終身教席制度之前進來的教授，從 2016 年開始有四年時間獲取終身教席，不成功者就不能留下。這個規定並不是我心血來潮，不是想做就立刻做的，而

是 2015 年就已經開始做諮詢（consultation），經過一年裏多輪諮詢得到了大部分同事的支持之後，才在 2016 年開始實行。2020 年，拿不到終身教席的教員就只能離職，所以那一年是我透過全面推行終身教席制度令相當部分表現長期不達標的教授離開嶺大的一年。

　　此處必須特別解釋助理教授成功升為副教授同時授予終身教席在嶺大的重要性。在其他大學，升上副教授就一併獲得終身教席的做法是自然不過，不需要多加解釋，但在嶺大這也是經過一些爭論才決定的。在我對整個教授升遷制度進行通盤改革之前，助理教授升上副教授的時候並不是同時授予終身教席的。副教授一般是在升職若干年後再申請「實任」。在這個制度下，一些在其他大學已經獲取終身教席的人，包括正教授，也是到嶺南上任幾年後再申請。

　　老嶺南的教授大都是從這條路走過來的，所以當我提出把終身教席在成功升上副教授時一併授予時，他們當中有些是不贊成的。他們的主要論點是不同時授予終身教席能促使剛成功升副教授的學者有壓力要繼續努力工作，以獲取終身教席，減少他們升職後「躺平」的機會。

　　授予終身教席引致「躺平」的行為的確是終身教席的潛在風險，而所有大學都無法完全避免這種風險。但嶺大原來的制度就是好辦法？會不會弄巧成拙？假如其他大學的制度跟嶺大一樣，升上副教授後還必須將來再申請終身教席，

那是一回事。但事實上科技大學、香港大學、香港中文大學等都是在升副教授時一併授予終身教席。那些有潛力、有大志，也努力工作的新科博士會考慮加入嶺大嗎？嶺大分兩步走的升遷制度就導致極不可能招聘到優秀的助理教授，在聘人階段先輸了一仗。同樣道理，在其他大學已有終身教席的優秀副教授及正教授也不願意放棄終身教席加入嶺大。還有，升上副教授而未獲得終身教席的嶺大教授的水平真的能達到其他大學的高水平嗎？假如是的話，他們為何不跳槽而留在嶺大呢？上文提及必須在 2020 年獲取終身教席的教授也就包括了一些沒有終身教席的副教授。透過一次「大檢閱」驗證他們的學術水平，達標的授予終身教席，不達標的離任，是提升教授整體學術水平的重要一次性舉措。

　　所以，一個表面看來有好處的制度在市場競爭的情況下可能會變成一個不利的制度。上面談及的一批成就有限、胸無大志，只在乎每幾年就續約的教授，難道跟這個看來對大學有利的嚴苛制度沒有關係？必須清楚看到，要聘請到有潛力、有大志的新晉博士，就必須在制度上有競爭力。

　　約五年前，大學聘請了一間管理顧問公司審核嶺大在組織架構、薪酬、工作表現評審制度等方面的情況，並提出建議。他們發現，嶺大的員工，包括一般的工作人員，對學校的制度及工作業績文化的看法是很負面的。其中最影響士氣的就是很多人說做好做不好一個樣，好像內地以前說的「做

又三十六，不做又三十六」。從他們的分享得知，無作為的員工對其他員工有很大的負面影響。他們說，不少工作表現好的同事來了這裏，要麼走人，要麼就變懶，而沒有表現的人在外面沒有機會，當然不可能另謀高就。科大的人經常被別的學校挖走。嶺大這邊人員穩定的原因之一是沒有人挖。不過，事實上還是有一批勤奮上進的員工一直在嶺大默默地作貢獻。工作做得好就必須獲得更大的回報，工作做得不夠好而且不能改善就必須離任，這些都是必要的。

老學校難改

我到了嶺大後發現同事的專業態度及標準必須改變。比如，當時嶺南要辦一個活動，例如國際日（international day），由以前稱為學生服務辦公室（Office of Student Services，後來改名為學生事務處 Office of Student Affairs）的同事負責。他們有一套老方法去跟着舉辦，所以舉辦這些活動不成問題，甚至是相當自動化，但問題就是質量不高。其實當時很多東西都是一樣，同事都有一套用了多年的方法去處理，就是質量不高。這是我當時最深刻的感受。作為一個小規模的大學，假如質量不高，那就死定了。如果是一間綜合性大學，質量不高，還可以依靠它眾多領域的課程作為

「賣點」。但嶺大規模小，就必須更加講質量，更加努力提高質量。值得欣慰的是越來越多的部門已經有了質量觀念，這是一個重大的進步。

嶺南大學從 1999 年開始才成為大學，可以算是個新大學。但是嶺南書院從 1967 年起已經存在了，是個老學校。老學校的問題比較複雜，歸根到底就是水平比較低，所以改制就更加辛苦。老學校的規章制度太陳舊，我進來一看就覺得不妥。兩年後從外面聘請加盟嶺大的新副校長也覺得不妥。但是，這裏不少人都已經習慣了，沒有覺得不妥，甚至有些人還認為那個才是理想的制度，反對改變。所以我任校長期間，不得不辭退了一些水平不足的老嶺南人，也不能讓識見有限的人佔據關鍵的領導位置。簡而言之，為了提高質量，不換人不行。

在修改制度的的過程中，免不了跟一些老嶺南人「衝突」。比方說我提出，學者除了出版專著、論文，還要獲取研究撥款（research grant）。現在獲得研究撥款基本上是全香港所有公立大學正規教授升職的必要條件，拿不到研究撥款也就基本上難以拿到終身教席。2014 年前後，我要把這一條件寫入升職的要求，就有幾位外籍資深教授在那裏大力反抗，幸好得到幾位剛來的講座教授的支持，才得以成功地寫進升職的標準當中，而且還是幾年後才得以明確化。

事實證明，要改革成功必須有一批支持改革的人壓倒反

對改革的人，並獲取大多數人的支持。否則，在一個重視民主程序的大學制度下寸步難行。

嶺南大學 2015 年開始設立的科學教研組（Science Unit），在教學、研究、知識轉移和社會服務方面都做得很好，是一個非常成功的嘗試。眾所周知，博雅教育的知識基礎必須包括人文（humanities）、社會科學（social sciences），以及自然科學（natural sciences）。但嶺大很長時間沒有自然科學的基礎課程，這是博雅課程一個明顯的弊端及缺失。我剛上任時原有的處理方法是聘請一位香港大學退休的化學學者來這裏兼職，開幾門有關科學的課程，但這種做法並不理想。大學應該自己建立一個部門，教授既提供專業的課程，也進行科研，是以教與學互相促進，學習效果更加理想，也可以在相關領域為學術前沿和社會應用作出貢獻。

設立 Science Unit 是陳玉樹校長時期就已經初議要做的事情，但是還沒決議及執行。當年討論設立 Science Unit 的時候，有幾位人文及社會科學的講座教授在開學務會議的時候說設立這個部門將會浪費大學的資源。他們所根據的邏輯是這樣的：嶺大能請到研究自然科學的人，肯定不是一流的，而是二流甚至三流的學者。那麼，將來他們的學術研究成果肯定是零分，需要其他學系的超好成績填補他們之不足。如果這樣，還倒不如把打算給予 Science Unit 的教授空

缺及資源給予他們，他們可以請人來研究和教授有關科學的哲學、社會學和歷史學的知識。顯然，這些講座教授和他們的同盟對於設立 Science Unit 的取態是與「地盤」及資源有關的。

我很堅決地跟他們說：「你們建議的這些課程，都不是真正的自然科學。」當時還有一位文科學院的副教授（是上述講座教授的同盟）私下用電郵跟我說，要開真正科學的課程也不必聘請自然科學學者，因為他本人也可以教自然科學，理由是他唸本科時是學過自然科學的。我聽了很氣憤，告訴他這個說法顯示他完全不尊重嶺大的學生。在嶺大任課的老師，最起碼應該有自然科學方面的碩士學歷，甚至應該有博士學位。你本科唸過自然科學就想教授本科的自然科學，簡直不把嶺大學生放在眼裏，太混帳了！

事實上，反對者的理由並不充足，因為嶺大可以選擇適合自身發展的自然科學。事實證明，Science Unit 的學科以生物、生態、地理、環境為主，成為嶺大開展生態、環保與可持續發展教研的好基礎。我認同設立這個部門背後的道理，所以不顧那些教授的反對而在其他教授的支持下把它敲定並真正落實了。

嶺大與大學教育資助委員會（UGC）在 2004 年達成一個協議，大學只在人文、社會科學和商學三個領域開辦學位課程。嶺南大學如果要創辦自然科學或工程等專業的學位課

程，必須先獲得 UGC 的肯首，因為他們要求八所大學在不同角色下分工，達到各有特色、各自精彩的總體局面。大學四年前提出要創立數據科學（Data Science）本科專業時，UGC 並不反對，因為這個學科綜合了電腦計算、統計及數學，符合博雅教育的跨學科特色，而且大學還說明這個課程的重點是數據科學在不同領域的應用。

博雅教育之未來

　　我離開嶺南大學後，這個大學將來的目標是什麼，將由校董會、下一任校長與他領導的大學管理層決定。我自己的看法是，嶺大作為位處香港的大學，必須非常好地利用香港給予大學的特殊優勢。香港的大學跟國際名校交流之密切，是內地大學所無法相比的。香港的大學跟國際社會之間的聯繫比較緊密，就是香港跟內地合作的一個重要優勢，不但必須保持而且還要提升，進一步強化這些國際合作。將來在大灣區也好，在中國內地其他地方也罷，嶺大的這種國際化特色就是跟人家合作的重要基礎。如果嶺大沒有特色，人家也不會熱衷於與之合作。

　　香港的大學享受的學術自由一定要有充分的保障：只要不牽涉國家安全的事情，而且在學術上是重要的，大學都能

做。相對來說，內地的大學可能有更多的顧忌，有些本來容許做的他們也可能不敢做，這就是香港高校的制度優勢。還有，內地高校有些陋習，比如論資排輩，令香港的大學更加具競爭力。據說內地有些尖子從海外回國後又第二次跑到國外，是因為他們忍受不了內地某些制度的缺陷與行為習慣。而在香港這邊，如果你真的行，哪怕你比較年輕，大學也可以給你升職。

嶺大現在還有另外一個合作方向，也可以說就是基於香港與內地的制度差異。嶺南的商學院現在跟清華大學有不少合作項目。為什麼內地最頂尖的清華大學會找嶺大合作？理由是兩地制度的差異：在內地，學位是由國家控制的。一所大學必須獲得教育部分配某個學位的配額才能開辦這個學位課程。教育部如果不給配額，那課程就開不了。如果教育部手上沒有，它也沒辦法給你。相反，香港的制度有更大的彈性與自主性，開什麼具體的學位課程，香港的大學完全可以自主決定。

例如，嶺大、清華兩校合作其中一個項目是數字經濟（digital economy）DBA 博士課程。清華大學社會科學院想辦這個課程給那些工作經驗豐富、職位高、成就也很高的人，但它沒有獲得 DBA 學位的授權。相反，嶺南大學在人文、社會科學和商科這三個 UGC 允許我們授予學位的領域裏，要給什麼學位都有自主權。這是香港的大學的制度優勢，也

是嶺大與清華合作辦學位課程的基礎。嶺大與清華合作辦學的第二個例子是一個叫 Art Technology and Management 的一年制碩士課程。此外，雙方也一直在探討其他合作辦學的課程。

嶺南還沒有成為大學之前是一間私立的書院，所以商科的比例很高，佔 50％—60％。後來升格為大學後，嶺大就把商科的比例壓縮到三成多了，壓縮出來的部分給了人文學科。社會科學所佔的比例基本上沒什麼變化，都是佔兩成多。再往前走，做什麼和如何做，都必須與時俱進，必須因應世界的變化而變。以前博雅本科課程的知識基礎很大一部分是來自人文和社會科學，現在 IT 的基本知識也是博雅本科教育的基礎。嶺大要求本科生必須有信息技術素養（IT literacy），於是設有相關的課程培訓。我認為往前走，嶺大學生還要多加一點科技的素養（science and technology literacy），並不是要求本科生要成為科技專家，但他們不能完全不懂，不能與別人談起來兩眼茫然，一問三不知。相反他們必須要有一些科技的基本知識。學生還需要有一些數據素養（data literacy），學生不掌握這種數據方面的基本知識，將來工作與求學的出路將非常狹窄。當然，我指的只是修讀這類課程，不是要求做專業的高深研究。嶺大現任校長的專長就是數據科學（data science），由他來推廣數據素養再理想不過。他上任前曾說過在三年內建立一個數據科學學

院（School Of Data Science），提供更多這方面的課程。事實上，不到一年這個學院已於 2024 年 5 月初正式揭牌成立。這個發展方向顯然是順應社會與經濟發展的大勢。

今天，大家都在談 STEM，是否嶺大推崇的博雅教育就沒前途呢？我認為不是。恰恰相反，未來世界越是多變大變，接受過優良博雅教育的畢業生就越有用武之地，因為接受過高質量博雅教育的人有更強的適應能力（adaptability）。相反，學生只是學某一個狹窄的專業，知識面有限，很難對這個不斷變化的世界有足夠的「適應力」。

香港政府現在已經要求所有大學都要有「全人發展」（whole person development）的教育內涵，原因就在於提升適應力、創造力和社會責任感等。嶺大本來是香港所有大學裏唯一以博雅方法達至「全人教育」目標的特色大學，現在政府要求其他大學都要推行「全人教育」，証明嶺大選擇博雅教育作為本科教學的特色是對的，但是一定要把質量做好。學生真的學到知識，培養好能力和技巧，就有前途。但如果學不到博雅的精髓，那可能比學某個專業的學生更差勁。未來高質量的博雅教育還必須要求學生具備我剛才提到的科技素養和數據素養。不能說我是學哲學的，從頭到尾就只懂哲學，其他的都不學。畢業後假如找不到工作，不見得與哲學專門知識有關，而是欠缺了每個人都必須掌握的基本知識。

　　數字人文（digital humanities）可能也是嶺大未來發展的方向之一。人文研究如果只是按照原來的那套老辦法做，未來恐怕就走不通了。還有，香港政府現在也已經開始為香港的大學開設課程套上了緊箍咒，要求大學遵照他們規定的方向提交下一個三年（從 2025 年到 2028 年）的學術課程發展計劃。政府給了大學一個指引，為香港學生開設的課程當中 35% 應該來自「STEAM」，也就是「STEM」加上 Arts。此外，有 60% 的學位來自與香港所謂八大「中心」有關的專業。八個「中心」裏，跟嶺大有關的「中心」最多只有四個，其中「中外文化藝術交流中心」與嶺大有密切關係，「國際金融中心」與「國際貿易中心」跟嶺大的商學院與經濟系有關係。還有一個「國際創新科技中心」跟嶺大的 Science Unit 有關係，但是很明顯嶺大與創科中心的關聯性是無法跟其他大學比擬的。其餘的「亞太區國際法律及爭議解決服務中心」、「國際航運中心」、「國際航空樞紐」、「區域知識產權貿易中心」，都跟嶺大沒有直接關係。

　　所以為嶺南大學將來的發展找到一些竅門，不見得是找那種大家都在爭奪的熱門、尖端領域去發展，而是找一些沒有太多人做，但事實上又很重要，並且在大學能力之內的領域。比如，北部都會區不是要有一些保育的項目，比如水、鳥、地的保育嗎？嶺大是否可以往這個方向努力？大學未來發展的向，是否應該與生態系統（Ecosystem）、生態旅遊

（eco-tourism）、可持續發展（sustainable development），以及文化遺產（cultural heritage）這些方面的項目有關，並據此設立新的學科？

　　嶺南大學保持其獨特的博雅教育特色完全沒錯，但必須與時俱進。如果有些科目很抽象，缺乏實用性，學生的就業前景不好，今後是否還應該繼續存在呢？假如該學科所能招到的學生質素普遍不高，畢業後找不到工作，那大學是否就應該撤掉這個學科？至於哪些課程需要減少？哪些課程需要增加？現任校長與領導層制訂 2025 到 2028 年的三年計劃和往後的發展規劃時，自然會作出適當的取捨。

第五章　面對政治風波

「梁粉」原罪

我在嶺南大學當校長的十年，香港政治與社會極其動盪，先有 2014 年的大規模佔領抗爭，最後演變為 2019—2020 年暴亂，跟著是世紀新冠疫情嚴重打擊經濟，影響教學工作。很多人問我如何捱過那段風雨飄搖的日子，我跟他們說，我來嶺南大學上班之前，就經過了激進學生的「公審」，提升了我的抗逆能力。當時的學生會會長決定讓學生會幹事不以校長稱呼我，連短暫的蜜月期都沒有，我還有什麼好怕的？

我受到這些待遇的主要原因是我背上「梁粉」的原罪。我雖然跟梁振英先生在他競選特首之前見過多次面，但並沒有深入的私交，不算好友。他準備競選特首之前，我曾參加過一些人私下的小型諮詢會、聊天會，討論他競選特首的勝算和應該注意的事項。梁先生 2012 年競選特首期間，我擔任過他選舉辦公室的五位顧問之一。他是通過我的一位朋友聯繫我，問我是否願意當他競選活動的經濟顧問，可能是因為之前的互動給他留下了印象吧。而我之所以願意替梁振英站臺，是因為我認為梁先生明顯比另一位候選人唐英年先生強。

唐先生是一位含著金鑰匙出生的富二代，但據說商業經營能力不是特別出眾，在家族生意裏扮演的角色也不出色。在競選特首其間，連他的堅定支持者也不否認外界對他能力

的質疑，把他的最大賣點說成是「有好腳頭」，就是他會為香港帶來好運氣。還有，據說他的父親跟江澤民主席熟悉，中央有意培養他未來擔當重任。他雖然後來在私生活等方面出了些問題，但對我而言，這些都不是我考量的重點。我主要的考慮是他出身豪門，往來朋友皆富豪，一旦成為特首大有可能傾向照顧富豪的利益，不會替窮人著想。

但梁振英就不同了。他出身平民，跟富豪沒有那麼多利益糾葛，就可能有足夠的膽量不被富人操縱。在我看來，他一個最大的優點就是能為富人以外的利益著想，這就是我支持他的主要原因。我召集了學界一些著名的經濟學者，撰寫有關香港經濟政策的意見，交給他選舉辦內部的經濟分析師。在競選期間，我曾經稱讚過梁振英懂經濟，分析能力強，是特首的適當人選，這是真心話。我認為梁雖然是學土地測量，不是學經濟學的，但他很聰明，善於學習，也做過生意並且成功創業，比唐英年更懂經濟。

我之所以報名參選嶺南大學校長，是因為獵頭公司找我並說服我。當年科大僱用一家國際著名獵頭公司幫忙找商學院院長候選人，最終我有幸獲選為院長。後來該公司其中有一位主事者跳槽，到另外一家獵頭公司擔任總裁，正好就受嶺南大學校董會委託協助招募新校長的工作。因為以前的關係，該獵頭公司的總裁請我推薦適當的人選。我建議他去找其他大學的社會科學院院長、文學院院長。後來他又找我，

說：「你有沒有想過自己啊？」我說我沒有想過，因為我打算在科大工作一直到退休。後來，他繼續鼓動我考慮一下。

我最初真的沒有準備應徵，因為在我當科大商學院院長之前，新加坡的大學、本地的大學都曾給過我一些機會去成為院長（包括創始院長）的候選人，但我沒有興趣，打算一心一意留在科大商學院工作，一直到退休。最後嶺大僱用的獵頭公司總裁說服了我。他說：「你在科大現在做得那麼好，不妨在高點離開，去接受一個新的挑戰。」我在科大擔任商學院院長後期，商學院的多項排名的確是歷史高峰。於是我就想，五六年前我在科大臨危受命，現在不但穩住了商學院，還帶領它上了新的臺階，想做的和能做的事情大都做了，在這種情況下去接受一個完全不同的挑戰似乎也不是壞事。況且，我的女兒上的就是一所美國博雅學府，獲益匪淺。所以我一直認為博雅教育有其獨到之處。

我的女兒唸的博雅學府是美國最著名的女校衛斯理學院（Wellesley College），她非常喜歡那所學校，畢業後的職業生涯也相當成功，找第一份工作時更獲得高年級校友的幫助，此後也一直與校友們保持著聯繫。因為女兒的這種正面的經歷，加上科大商學院的情況令我可以放心離開，我最終改變了想法，就回覆獵頭公司，我願意接受挑戰，應聘嶺南大學的校長職位。我也問自己，獵頭公司總裁找我推薦人選，是否就是想讓我參選校長的手法？後來我知道，獵頭公司替同

一位人士在不同時點推薦不同的工作也是慣用手法，尤其是升遷的工作，粵語稱為「一鷄多吃」，完全符合獵頭公司利益的策略。

　　參加競選嶺南大學校長工作時，我清醒地知道嶺大和科大完全是兩碼事，但我願意接受新的挑戰。不過說實話，我根本沒有想到，我面對的挑戰居然會那麼大！但那是後事。

對香港本地政治生態的評論及與泛民的政治辯論

　　我在科大擔任商學院院長之前的幾年期間，在《信報》、《明報》及《星島日報》等報章上寫過不少政論文章。我從佛羅里達大學回到香港之後，開始在香港的媒體上發表文章，但在 2004 年之前主要都是經濟評論。自 2004 年我開始寫政論文章，跟各路政治評論者都有交流，與其中部分還打過筆仗。之所以寫政論，是因為 2003 年七一遊行反對第二十三條立法之後，香港媒體出現很多自說自話、邏輯混亂、罔顧事實的言論，我非常不以為然，試圖指出它們的荒誕以及什麼才是正確的觀點。我批評很多泛民的明星，比如戴耀廷、陳文敏、吳靄儀、湯家驊等，也跟其中部分人透過文章辯論過，針鋒相對過，後來他們大部分成為公民黨創黨元老。他們當時在香港很有影響力，再加上他們是律師或者

〈「港人自講」〉（2004 年 2 月 2 日）

法學院教授，沒有人敢動他們。作為偏重理論的經濟學者，我對自己的邏輯基本功具有信心，就決定挑戰他們那些並不精準的立論。

香港本地政制發展的論述嚴重混亂和多有謬誤，為此我於 2004 年 2 月 2 日在《信報》發表了一篇評論文章〈「港人自講」〉（「港人治港」的粵語諧音，意思是從自治變成自說自話），指出當時此類言論不是不符合事實，就是不符合邏輯，完全沒有說服力和可信性。文章指出，一方面當時已公開的泛民鬥爭藍圖，提出以區議會「包圍」立法會及特首統

領的行政體系，並通過協調立法會民主黨派候選人競選以謀
求「變天」（在立法會獲得大多數），然後向特區政府逼宮，
再跟中央政府攤牌。另一方面，泛民意見領袖卻說中央對香
港的憂慮是毫無根據的、非理性的、有妄想成分的。還有，
我揭露李柱銘為了取悅美國，批評及攻擊中國出口軍火令世
界不穩，但無視美歐才是世界最大軍火商的事實。有泛民人
士對我的文章點名具體人士表達不滿，但我點名的目的就是
要讓讀者知道這些「民主領袖」的德性！有膽量說，為什麼
會怕別人知道你說過什麼話？

　　還有，泛民的「自講」論述，處處反映其自大心態。例
如，「基本法第四十五條關注組」（公民黨前身）和它的同
道，提倡對於政改事宜，特區政府只需要諮詢港人，不容中
央政府插嘴。他們為了替自己的政治主張（即建議 2007 年
和 2008 年分別進行行政長官和立法會普選）開道，在香港
隨意為《基本法》釋法，影響輿論，企圖逼特區政府就範。
我於 2004 年 3 月 9 日和 10 日在《信報》發表〈四十五條
關注組的邏輯謬誤〉和〈先設結論再定推理〉兩篇文章，指
出他們的諸多邏輯謬誤，也引發了多輪筆戰。

　　泛民及其同道除了威脅要組織百萬人上街「曬冷」之外，
還聲稱假如沒有他們心中那個香港，中國內地就無法發展。
同時，還有人若有其事地鼓吹「香港學」。對於這些人來說，
那可不光是香港事務的研究，而是可以跟物理學、生物學、

〈四十五條關注組的邏輯謬誤〉（2004 年 3 月 9 日）

經濟學和社會學等學術領域處於同一個層次甚至更高層次的學問啊！他們當中的狂熱分子認為必須建立專注香港學的大學學院甚至是專注香港學的大學。還有人胡說什麼香港文化超越整個中華文化，香港殖民統治體制比國內體制先進多少百年。基於這些荒誕的觀點，他們對於香港與內地關係的論述和倡議，可想而知都是自戀狂的表現，多麼不切實際！

在〈「港人自講」〉一文發表後，《信報》的社論兩日後作出回應，標題為「『自講』現象正常，民主訴求合理」，指當時的香港是「言論自由之地」，「現階段政制發展就是要求大鳴大放，各派盡量表達他們的政見和爭取的目標，並希望最終能夠達成共識，『自講』現象因此是正常而非反常」。

後來香港的政制發展顯示，部分港人繼續自大、罔顧事實，論述充滿邏輯矛盾，追求民主的效果卻適得其反。

事實證明，部分港人的自戀狂歷久不衰。2019—2020 年期間有些暴徒深信不道德的「攬炒」鬥爭策略具有強大威力，令中央政府不敢強硬對付香港的顛覆分子。平亂之後，香港報章依然充斥內地經濟沒有香港就不行的論調，令人驚嘆。在

〈先設結論再定推理〉（2004 年 3 月 10 日）

〈「港人自講」〉一文於《信報》發表十七年之後，我的後續文章〈「堅離地」的「港人自講」可以休矣！〉在 2021 年 7 月 28 日於《明報》發表，但有些港人的自戀狂還是戒不掉的頑症。

2006 年 9 月，我跟當時在城市大學法律系任教的梁美芬、中大政治與行政系前系主任鄭赤琰和其他一些學者，做了一份八十多頁有關政改的詳細報告。我們提出香港「政改

《信報》回應〈「港人自講」〉文章的社論（2004 年 2 月 4 日）

三部曲」，其中包括了時間表和路線圖。這個報告自然引起了一些堅持「港人自講」的人的反對。當時香港正在討論如何將一個選舉委員會演變成一個普選出來的提名委員會，我們三個人當時還寫了一篇政論，談香港特首候選人的資格是否應該放鬆的問題。我們認為，在第二十三條立法之前，候選人提名委員會就必須嚴謹，只能提中央可以任命的人，但在第二十三條立法之後可以放鬆特首候選人的資格。

我支持第二十三條立法，但對於當時保安局長葉劉淑儀於 2002 年 9 月開始推銷的《香港特別行政區基本法第二十三條》立法，我卻認為其中的一些條文過於霸道。比如，還沒有查清楚嫌疑人有沒有犯罪就要沒收他們的財產、關閉他們的公司等等，我認為是不講理的。假如後來證明他們沒有犯罪，那政府會作出賠償嗎？所以，原則上我支持第二十三條立法，並提出在第二十三條立法後特首的選舉提名委員會對

候選人的資格可以有所放寬。但是對於 2002 年那個極具爭議的第二十三條立法的部分具體條文，我的確是反對的。

校園「公審」

　　作為校長候選人，我第一次到嶺南大學與師生見面，就遭到激進學生們的「公審」，長達三個小時。2013 年 6 月 7 日，我被嶺南大學校長遴選委員會推薦為下任校長。17 日，嶺南大學校董會將通過委任新校長人選，並於會議前舉辦諮詢會，安排我與師生及校友對話一個半小時，但實際上多出了一個多小時。我到嶺南大學校園之前，學生會就因為不滿我的所謂「梁粉」身份，計劃發動五百人出席諮詢會，要我就捍衛學術自由、校長遴選制度公平度等問題作出回應。會前他們在臉書等幾個網站上攻擊我，也把很多以前報紙上攻擊我的東西上傳至網上。這些材料，成為他們在諮詢會上攻擊我的彈藥。其中不少「黑材料」來自《蘋果日報》，包括以造謠手法進行「人格謀殺」。但有些事情，到 2013 年 6 月份，不再一次提醒的話，連我自己都已經忘了。

　　當天下午我坐在主席臺上，接受逾三百位出席的學生、校友及教職員的提問。我一一回應了師生（但主要是學生）對我的政治取態（如第二十三條立法、國民教育等）的質

疑。我對第二十三條的立場，前文已經澄清，但激進的學生一口咬定說我支持 2002 年出臺的那個第二十三條立法，並因此批判我。至於國民教育問題，我於 2006 年曾經跟梁美芬合寫過一篇文章談論過，但那並不表明我如學生會所言「撐國民教育」，即支持當時政府提議的國民教育的具體內容。

對於我是「梁粉」而被安插任校長的指責，我的回應是梁振英出身草根，相信他能真正關心中下階層，我無悔曾任梁振英競選辦的經濟顧問。他當選後，我們並沒有私下聯繫，只曾在公開場合握手示意。至於有學生懷疑我是「中央派來做校長」，我的回應是我在科大商學院院長（包括署理院長）位置上工作六年取得不俗的成績，這些經驗及成就給我信心可以做好嶺大校長的工作。我也承諾，擔任校長後，將會捍衛學術自由，如果受外部勢力無理打壓，我將堅拒說不。我也聲明，今後盡量不再評論香港政治。不過，事後有教授告訴我他們不同意我對學生的承諾，因為我以公共知識分子的身份發表對社會重要問題的看法是好事。至於學生要求普選校長，我明確表示，爭取普選校長不是我的職能，學生一人一票選校長既非《基本法》賦能，也不符合國際慣例。

我一直面帶微笑，非常真誠地與學生交流。我表示，知道嶺大部分學生對我有成見，希望他們給我機會做實事後再做判斷。但會場裏學生非常情緒化，不斷狂噓。表明反對任

命的學生會代表，在我剛入場即高呼不承認任命的口號。他們在主席臺上掛了黑色橫幅，上面寫著「哀我嶺南」四字。下面觀眾席上，有學生舉著「嶺南人當家作主」的牌子，有人手裏拿著「校長遴選號外」，上面是「嶺大學生團體就嶺大薦任校長之聯合聲明」，高喊「鄭國漢不是我校長」、「校董會不代表我」等口號。諮詢會本來預留了一個小時問答環節，但因提問非常踴躍，以致超過兩個小時才完成。事後，有嶺大同事告訴我，一些學生對我的激烈排斥，其實是受到文學院個別教師所鼓動。他們在公開諮詢當天的早上還親自提點激進的學生。對於這些傳言，我沒有深究。既然當上嶺大校長，提升大學的質量、表現及聲譽所需要做的事情我都一定會做，不理他們是什麼立場。

　　諮詢會後，大學諮議會與校董會一起開會投票。在他們投票之前，時任嶺大學生會主席的葉泳琳問我：「鄭教授，你現在看到我們是如何對待你的，現在還會繼續當候選人嗎？」我當場就直接回答她：「我真的沒有想到當校長會面臨這些問題的。假如一早知道，我就不會報名。但是，既然我已經報了名，我就一定會無懼地走到底。假如校董會真的決定給我工作，我一定認真考慮。」你說，一個小女孩居然以為可以把我嚇跑，休想！

　　傍晚，校董會主席陳智思公佈，大學諮議會以 26 票支持、1 票反對；校董會則以 19 票支持，2 票反對、2 票棄

權，大比數通過委任我為新校長。按照程序，我已經成為候任校長，要以候任校長身份跟師生見面。在「見面會」上部分學生繼續攻擊我，說要一人一票選校長。我便回答他們：「你們是學校服務的對象，但不表示服務的對象就有權利選擇服務你們的校長，就好像醫院的病人，是醫院服務的對象，但不會有權利選擇醫院的院長。」我也告訴他們，學生選校長不是國際慣例。一位學生說，我們嶺南可以成為第一所這麼做的大學啊。我說，嶺大是以公帑資助的公立大學，能否由學生一人一票選校長並非大學自己可以決定，而是必須由政府乃至整個社會來決定。

有些學生穿上了黑衣服，用他們的背面對著我，黑衣服的背面寫上「哀我嶺南」之類的字樣。他們還在校門口用黑色的絲帶紮在鐵閘上，還掛上「哀我嶺南」的標語。學生會女會長率領一些學生堵在門口抗議，並高呼什麼「鄭國漢不是我們的校長」、「嶺南人當家作主」等口號。當我坐校車準備離開的時候，學生圍住我的車，不讓我離開，長達十分鐘，我便下車跟他們對話。有學生說：「我不是反對你個人，但是他們沒有道理剝奪我們一人一票選校長的權利，我們都是嶺南的學生，我們為何不能選校長？」

最後，他們還是讓我回家了，但報紙還在繼續攻擊我。《蘋果日報》、《信報》和香港電臺部分節目集中報導，基於我被嶺大任命和黃玉山教授被公開大學委任為校長的兩件

事,攻擊我們都是「梁粉」,說什麼三分之一大學校長屬於「梁營」。這些媒體還以謊言對我進行「人格謀殺」,對於那些無中生有、上綱上線的抹黑批評,我置之不理。但對於我確實犯過的錯誤,我承認並道歉。

比如,6月20日《明報》報導,我於1999至2007年持有西貢樂濤居16號獨立屋舊居期間有僭建的行為。對於這個指責,我是承認的,第一時間通過嶺大發表了聲明,承認我曾經加固地面一層的原有地基,並把原有的土坯牆壁給予裝修,令單位可用面積增加了約800至900平方呎。但我必須解釋一下,香港的地皮很貴,很多人利用自己房子的可用空間去擴展,所以僭建在香港新界是很普遍的現象。有些土地開發商甚至在出售房子之前就已經幫你僭建好了,只是僭建部分不能寫入合同裏,僅是合法交易之外的紅利,當然也不能張揚。在香港的法律下這些僭建部分都是非法的,政府有權依法取締,但不影響別人的僭建一般都不會有問題。不過當事主是公眾人物,那就成為問題,甚至是媒體死咬不放的大問題。我承認這個錯誤,並公開表示「當時沒有想到是違法,謹此致歉」。

我當選校長後,學生會還是不願善罷甘休。學生會會長告訴記者,校長遴選制度是小圈子選舉,漠視學生的意見。她表示要發動全校五千學生進行公投,決定是否接受我當新校長,並考慮於新學期發動不合作運動,包括罷交

學費或罷課。

　　上述的五千名學生當中一半是大學本部之外「嶺大社區學院」的副學士及文憑學生。因為香港的大學從 2012 年開始由三年制改為四年制，該年（也是唯一的一年）同時出現兩批高中生（中六及中七）升讀大專的特殊情況。社區學院前院長的錯誤招生策略引發學生人數暴增、學生學業水平欠佳和一連串的醜聞，成為嶺大的危機。所以，在學生人數驟減至正常水平的環境下壓縮這個學院的老師和行政人員人數、控制往後的財政赤字（最壞的一年赤字超過五千萬，遠超一次性擴招帶來的大額盈餘）、保障學習質量並避免更多負面新聞，都是我當時上任後必須盡快處理的問題。

　　9 月份我上任時，學生會組織了一些學生，要求他們參與校長任命投票，還要舉行示威，甚至發起罷課以示抗議。但響應他們號召的學生似乎極少。相反，倒是有不少學生私下對我說：「校長，他們這樣對你很不公平，你還沒有開始工作，他們就這麼抵制你，很不合理。」雖然學生會的幹事不以校長稱呼我，但其他學生大部分都親熱地叫我校長。不過，他們屬於沉默的大多數，不願公開表態，擔心激進學生針對他們。對我來說，這沉默的大多數卻是最大的鼓舞，因為他們就是我服務的對象，我必須保證他們在嶺大有良好的求學環境和條件。

非法「雨傘運動」

　　我上任一年後，就開始了所謂的「雨傘運動」。2014 年 8 月 31 日，人大常委會決定為 2017 年特首選舉制定框架：從 2017 年開始，特首選舉可以實行普選產生的辦法，但候選人均需獲得提名委員會超過半數以上的支持。政府及親北京人士認為，相對於選舉委員會直接選舉特首，這是巨大的進步。但反對者認為，因為一千二百人組成的提名委員會裏面主要是親北京人士，這意味著依然是由北京主導選擇特首。北京也的確表示過，無論誰贏得公眾選票，都必須獲得中央政府的任命，才能成為行政長官。也就是說，中央任命行政長官是實質性的任命，不是名義性或者禮節性的任命。這跟香港部分泛民政客期望中央的任命只是名義性與禮節性的想法有不可調和的矛盾。

　　自 2014 年 9 月 26 日開始，香港一些市民參與爭取所謂「真普選」的一系列示威運動，到 12 月 15 日才落幕。示威者佔據了多個主要交通幹道，進行靜坐及遊行，佔領區包括金鐘、添馬艦、中環、灣仔、銅鑼灣、旺角及尖沙咀。防暴警察施放了多枚催淚彈驅散示威者，警民產生了衝突，警察更一度舉起開槍警告旗。

　　因為非法「佔領運動」（又稱「佔領中環運動」，因為運動策劃者開始時聲稱只是佔領中環）影響社會的運作，港府

表示願意跟學生代表進行對話。經過多番努力，港府和香港專上學生聯會（簡稱「學聯」）終於定於 2014 年 10 月 21 日在電視上直接對話，我是那場對話的主持人。我怎麼會成為這場對話的主持人呢？這其實是一個巧合。

香港八所政府資助的大學的校長之間有一個「大學校長會」的組織，主要功能既是為有關教資會的事務建立共識，也討論影響所有大學的其他事情，例如各大學學生會聯合鼓吹罷課。大學校長會每年由其中一所大學的校長擔任召集人。剛好，從 2014 年 5 月份開始，我擔任校長會召集人，直至次年 4 月底。當政府和學聯決定公開對話，大學校長會獲邀派出一位校長擔任對話的主持人。對話主持人的英文名稱為 moderator，旨在促進雙方進行有序的、有禮貌的對話，為當前的困局找到出路，但並不是擔任調解矛盾的人。於是這個任務順理成章地就落到我這個召集人的頭上。我的工作只是確保他們對話的過程是雙方事前所同意的。在當時的局勢下大學校長為社會出一分力，幫忙脫離困境，是責無旁貸的。

對話前一天，也就是 2014 年 10 月 20 日，嶺南大學舉行畢業典禮。畢業典禮一般是 11 月份舉行的，但因為校董會主席陳智思任期即將結束，所以當年的畢業典禮提前舉行。開始唱國歌的時候，已有大批學生撐開黃色雨傘。我致辭後，有畢業生於臺下舉傘站立，高呼「誓要真普選，公平

主持會議」的口號，要求我主持政府代表與學聯代表的對話時要不偏不倚。這說明學生在那種激進的氛圍下，對制度或者對我本人並沒有足夠的信任。

事後我認為自己在當主持的工作上的確是做到了公正公平，假如稍有偏差的話，也只是給學生更多表達意見的機會。我想，那些參加對話的政府官員都是身經百戰的人，假如我多給學生一點點時間，他們也應該不會責怪我，也不會影響對話的結果。比如，一位來自港大法律系的學聯女代表說，特首人選只有兩位不夠。於是我就問她：「你覺得幾位才夠？」我給她一個機會發表更多意見，但有些媒體居然說我在幫政府忙！

我在擔任主持期間，堅持不發表自己的意見和觀點，不影響任何一方，盡力讓對話有秩序地進行，讓雙方在互相尊重的情況下，在基本上均等的時間內發表意見。雖然媒體一邊倒地讚揚學聯在對話中的表現，尤其是那位學法律的女生，但在現場主持對話的我，卻並不覺得這些學聯代表有多高明。

對話並沒有為非法佔領運動的結束找到共識。相反，學聯進一步提高要價，新的要求包括梁振英特首下臺和到北京與國家總理見面。政府看穿了學聯根本沒有能力令佔領者撤離，所以也不會做什麼實質性的讓步。

在非法「雨傘運動」期間，我也參與了一些社會團體所

安排的討論，分享我的一些看法。比如，2014年10月22日，也就是對話的翌日，傳媒平臺「灼見名家」邀請了十所香港大專院校的校長出席論壇，討論如何引領學生循正途爭取民主的問題。我率先發言，指出非法「佔中」事件令所有大學的校長都「受到煎熬」，我們「在中間很難做人」，有些事情我們作為校長應該說，但又擔心不受歡迎。佔領行動造成的社會影響愈來愈嚴重，我認為學生爭取民主亦要照顧受影響市民的感受，難道你有民主訴求就可以唯我獨尊，不顧他人？

作為校長，我真的不想學生受傷，希望他們重返校園，因為學業才是大學生的主要責任。我希望學生在爭取民主時，除了必須顧及自身安全之外，也應該思考給社會帶來什麼負面的影響。理工大學的校長唐偉章也與我有類似的看法。他認為言論自由應該受到重視，但也要尊重其他人的意見，其他人表達意見時，不應該受到追求民主人士的限制。

最後，政府沒有讓步，示威者沒有達到目的，非法佔領運動一共持續了七十九天才結束。這之後到2019年反修例運動之前，可能是香港最平靜的一段時間。反對派打不出什麼牌，社會也可能累了，需要休養生息，因此香港有一段平靜的日子。但餘波還在震盪，嶺南大學也還有一些餘波。

陳雲離職

　　為了保障私隱，大學的政策是不公開談論個別教員和職員的情況。不過，有關中文系前助理教授陳雲根（筆名陳雲，嶺大之外的人大都以筆名認識他）的案例卻是例外，因為有關他的信息都已經公開了，而大部分是他自己通過不同渠道公開的。

　　陳雲根有一定的寫作能力，曾擔任過前民政事務局何志平局長的寫手。據說嶺南大學中文系當年之所以聘請他，就是因為他的寫作能力。他的博士學位是一所德國大學的民俗學博士，沒有中文的博士學位。他最為人知曉的的著作為《香港城邦論》，放在政治系可能還可以算是研究成果，但跟中文系卻一點都不相關，也沒有什麼拿得出手的有關中國文學和語言的研究成果。此人行事相當古怪，相傳他的粉絲似乎是來自社會上那些失業、失學的人，在嶺大的校園裏反而沒有多少粉絲。事實上，他曾經在報章攻擊學生會，說他們不斷給校長寫信，要求校長開除他，那都是毫無根據的指控。

　　在接到一些人的投訴之後，我於 2015 年 3 月 16 日決定向他發出親自署名的警告信。在信中我警告陳雲根，他的言論已超越言論自由的底線，嚴重影響嶺大校譽，要求他慎言慎行，回歸教學及學術研究，否則後果自負。我為什麼要以校長身份給他發警告信？當時出於保護私隱的原因我並沒

有解釋，在我發給他的信中也只是指出他「近年的部分言行與學者身份相悖」。其實，我給他警告主要有兩個原因。第一，有學生家長投訴他，指責他鼓動學生到旺角「武鬥」，令家長很擔心自己的孩子會因此走上一條直接影響生命安全的危險道路。非法「佔中」期間，他去旺角支持佔領者，還教他們如何製造簡易的武器，鼓動使用暴力。他甚至鼓吹要「血洗」旺角「佔領區」。家長就很怕，擔心孩子被陳雲根帶壞，為了保護孩子，甚至想要讓孩子退學回家。

第二，2015年3月11日，他在自己的臉書上發言，言語不堪入目，說什麼「大陸人在香港是納粹黨、是皇軍，香港人必須以禮相待，否則會被警察控告……不要頂嘴或反抗啊，警察會將你們拘捕的……」這是同時侮辱大陸人和香港人的言論，突破了學術自由、言論自由的底線，更違反大學老師為人師表所應有的道德規範，不能容忍。陳雲根對警告信作出回應，說我發出警告信之前，不斷將校外親共團體及反陳雲根團體寄給校長室的信轉寄給他，對他造成壓力。此外，他還批評我警告信的中文不通。其實我事先把警告信給中文系的教授看過。他還批評我，「後果自負一詞，更是近乎流氓土匪，令嶺南大學蒙羞」。

但當時居然有學生會的某男幹事出來支持他，說我對陳雲根不公。我就告訴他們，陳雲根的言論有多麼骯髒，你自己看他在臉書上的言論吧（為了不弄髒我的嘴，我沒有讀出

來，只是把上述言論在「校長─學生公開論壇」所使用的
屏幕上顯示）。學生會幹事還嘴硬說，這是陳雲根曲線的抗
議。話音剛落，就有嶺大的女同事站起來，責罵那個學生，
說陳雲根的言論實實在在侮辱我們香港的女性。該學生會男
幹事自取其辱，再也不敢出聲了。

　　嶺南大學當時先後解聘了一些在政治上比較激進的教
員，主要原因都是因為他們的學術成就沒有達到續約的要
求，而不是政治原因。陳雲根的情況也不是例外，雖然他上
述的惡劣行為已經令他喪失了為人師表的資格，這也是不給
他續約的原因之一。其中好幾位倒是有自知之明，自己放棄
了續聘申請，因為他們清楚了解，沒有學術成就，申請也是
枉然。事實上，一旦嶺大採用嚴謹的學術評審制度，失敗的
學者和假學者都無法藏身大學繼續過寄生蟲的日子（這些人
在其他大學裏都有，什麼學者關注組、學者聯盟成立了不
少，但來來去去就是他們那一夥）。

　　這些失敗的學者和假學者當中有人接受媒體採訪時說，
因為大學不再是做教育工作的好地方，主動選擇離開嶺大，
並非因佔領運動而受到打壓。他們的理想是要給教育尋找另
一條路，即民間教育。他們胡吹什麼學生無功課，無考評，
無學位，無身份，唯一獲得的就是知識！其中還有人因為與
某反中亂港的基金有關，涉嫌違反港區國安法被拘捕。

　　至於陳雲根，他在報章胡說他是佔領運動的首個犧牲

者，在嶺大決定不與他續聘後搞了個怪異的小動作：他引用
《聖經》故事，說凡是不接待你們、不聽你們話的人，你們
離開那裏的時候，就把腳上的塵土踩下去，以見證他們的不
是。陳雲根遠離嶺大，只把嶺大的塵土留在嶺大校園，不是
最好的結果嗎？

校董風波

　　2015 年 10 月，特首梁振英委任了兩名嶺南大學新校
董，學生會認為他們也是「梁粉」，號召學生抵制。港府之
所以委任他們擔任校董，傳說是當時建制派希望這兩位作風
比較強硬的人物可以增加校董會的抗壓能力。但他們在任命
不久就跟學生發生衝突，給學生鬧事的好藉口。早前港大有
學生衝入校委會，使用肢體暴力的做法開始蔓延至各大學。
對我來說，這又是一次揮之不去的風波。

　　學生之所以對新任校董不滿，是因為他們兩位都是反對
非法「佔領中環運動」的幹將。何君堯曾組織來自飲食、運
輸、旅遊、零售、金融及地產六個行業的人士，成立了「保
衛中環」運動工作組，並提出「不佔中、保飯碗」的口號，
他自己擔任召集人。陳曼琪在「雨傘運動」期間，代表旺角
潮聯小巴有限公司入稟申請禁制令清場。因此，學生會指責

梁振英安插親信擔任校董，公然插手校務。

　　嶺大學生會藉何君堯及陳曼琪被委任為嶺大校董的契機，乘著當時院校間炒作「不要特首出任八大校監」的浪潮，在校內及網上發起「圍堵校董會，抗爭開始」的活動，號召嶺大學生向校董會施壓。10 月 19 日，大概有三十位嶺大學生以爭取「取消特首任校監」為由包圍校董會，用身體將會議室的門堵住，不讓校董入內，令校董會會議無法進行，部分校董離開時也被阻攔。結果是校董會主席及一眾校董在黃氏行政大樓門口前面的空地坐下，跟學生們對話。

　　學生會會長要求成立專責小組，研究廢除「特首是必然校監」的制度，還有削弱特首委任校董的權力等問題。他們要求我當場表態，我說我不會表態，不能什麼東西都要校長表態。例如，某人身體不舒服，某人做了什麼事，校長都要一一表態嗎？我希望學生理性，也不要太早表態，因為大學經費涉及納稅人的稅金，廢除「特首為必然校監」的制度需要香港整個社會來討論及達成共識。任何有常識的人都知道，我們大學的經費主要來自政府，如果大學決定特首不能當校監，來自政府的經費明年可能就沒有了，那學校也可能要關門了。學生會的這種想法根本就不切實際。後來，校董會經過深入討論作出以下正式決定：有鑑於特首擔任嶺大校監的制度安排不是嶺大自己可以決定的事情，而且嶺大當務之急是提升大學教學及研究的質量和水平，並非誰擔任校

監，所以嶺大決定以後不會再討論這個問題。

到了 11 月份，學生會邀請校董會新任成員何君堯出席，與學生討論修改嶺大條例等問題。期間學生和何君堯互相指責，何君堯最終提前離場。學生和何君堯之間的任何衝突，最後都會轉嫁到校方管理層頭上，給我們很多壓力。比如好幾次的校董會議都因為學生的攔截，無法按計劃在嶺南校園內舉行。結果，我們多次會議都要跑到沙田的科技園等一些遠離校園的地方召開。那時候，為了避開干擾，開會有點像秘密工作。即使開會的日子確定了，開會的地點還是暫時保密，直到開會的最後一刻，與會者才知道確切的開會地點。

2015 年 11 月 17 日的畢業典禮上，有些學生在會場外舉牌並大叫口號示威，要求學生有權選舉校董，就好像兩年多前他們聲稱學生有權選舉校長的情況一樣。那些學生認為，《嶺南大學條例》縱容擔任校監的特首濫權操控大學，要求修改《條例》中校董會組成條文，增加校友、教職員和學生校董代表比例，建立員生共治。我在畢業典禮致辭中表示，去年此時香港正處動盪，直至現時香港仍未完全恢復過來，敦促各界尋求共識，如同嶺大的核心價值對我們的要求，在面對不同意見時要互相尊重包容，並持開放態度，強調尊重異見等重要概念。我還告訴學生，我自己亦曾年輕過，明白年青人所思所想，但單靠理想和自己心中的正義並

不足夠，促學生勿過度簡化事情，妄下結論，應如嶺大核心
價值提倡的「慎思明辨」。我言下之意，就是很多學生被政
治沖昏了頭腦，沒能做到「慎思明辨」。在畢業典禮上不方
便講的話，我當時都講了，但多少人在典禮上真正聽到我的
話，我也不知道。

非法「佔中」運動結束之後，各所大學都面臨學生在校
園裏鼓吹港獨的問題，且這種情況愈演愈烈。到了 2017 年
9 月 14 日，十所大學的校長發表聯合聲明，表態不支持港
獨。大學校長們在這個聲明中表示珍惜言論自由，但譴責最
近濫用言論自由的行為，強調言論自由並非絕對，有自由就
有責任，並認為港獨違反了《基本法》，特此聲明不可能給
予支持。後來梁振英看了聲明後表明不滿意：為何只是「不
支持港獨」，而不是「反對港獨」？

我個人和部分其他校長都是堅決反對港獨的，但我們為
了讓十所大學的校長都同意聯合聲明的內容，只能用「不
支持港獨」這麼一個相對溫和、立場不夠鮮明的措辭。校長
們有不同的立場和考慮，要出一個聯合聲明其實是非常不容
易的，只要有一位校長不同意，就無法形成聯合聲明。因為
少數派有否決的權力，所以有時候用詞就不能太直接、太
強硬。

還記得非法「佔中」期間，校長們有時候要討論到晚上
11 點，才有一個聯合聲明出來，給記者第二天報導。有時

候，我們對於措辭無法達成共識，即使忙到半夜，還是無法形成一個聯合聲明，最後只好說，本次就沒有聯合聲明了，不了了之。作為當時的八大校長會召集人，我的感受特別深刻。

對於禁止在嶺大校園內討論或鼓吹港獨，我找到了一個「土方法」。有一次，我問香港一位著名的訴訟律師（香港稱為「大律師」，假如公眾以為「大」就是更加重要的意思，那他們是被誤導了）：《基本法》第一條就明文規定「香港特別行政區是中華人民共和國不可分離的部分」，這一條文在香港有沒有法律效力？他說，憲法不是刑法，雖然憲法這麼寫，但如果沒有相關的刑法，即使有人鼓吹香港獨立，你也不能憑藉此憲法條文懲治他。但是，大學是可以有自己的校規的。

我茅塞頓開，馬上就籌謀在嶺大制訂了一個校規：使用大學場地及設施的原則（Guiding Principles on the Use of University Premises and Facilities）。其中第一條要求，使用校園的設施時，不能從事非法活動，不能有商業目的，要保持清潔，再加上不能違反嶺南大學的政策，不能傷害大學的聲譽，主要的目的就是要防止有人在嶺大校園裏從事港獨活動。在這些原則進行諮詢的期間，有教授和學生反對有關傷害大學聲譽這一條，認為此條款可能影響校園民主，我最後做了讓步，刪除了傷害校譽這一條（其實大學有其他手段可

以懲治令大學聲譽受損的學生和員工），而其他部分都保留了下來，包括大家不太留意但卻是重點的部分——「大學的政策」。

大學管理層於 2018 年 5 月份正式通過 Guiding Principles 並立即生效。自此以後，誰要是在校園裏搞港獨的活動，大學就可以用此校規來對付他們，因為我不止一次明確向記者宣告，嶺南大學不但不支持港獨，而且是堅決反對港獨，這就是嶺大的政策！反對這項政策的師生，大可以到法院去進行司法覆核，我就不相信法院會判決符合《基本法》的大學政策違憲，或者違反香港任何一條具體的法律。若真的有糊塗法官亂判一通，大學一定會堅決上訴至終審法院！在 2020 年 7 月 1 日《港區國安法》生效之後，大學的校規「不能從事非法活動」那一條自然包括國安法，所以，違反該法的任何活動都明確地不能在大學校園進行了。至於企圖在法律邊界打擦邊球的活動，反對港獨的大學政策這一條依然有效。

即使當時我面臨一個又一個的挑戰，在 2017 年校董會詢問我是否願意續任嶺大校長時，我決定爭取續任。一來，我就喜歡挑戰，有挑戰才有成就感。當初來嶺南大學見師生的時候，那位學生會會長問我，看到他們反對的陣勢是否會放棄。我就跟她說，既然我參選了，我就絕不退縮，堅決勇往直前。續任不但是要展示我的堅決，而且更重要的是我在

嶺大的很多改革（包括重要的學術改革）正在進行中，一旦我離職，改革可能會走回頭路。我知道有反對改革的人在等我離任，那麼他們就有機會謀劃走回頭路。我怎麼可能在改革完成之前離開，便宜了他們？

香港動亂

2019 年 3 月 15 日，香港發生了反修例運動。這個運動由大規模抗議演變成為騷亂最終演變為恐怖暴力，令我和其他大學校長的工作變得更加困難。之前的非法「佔中」還是相對平和的，但這次發生的運動卻很快變得非常暴力，所以與其稱它為「運動」，不如實在地稱它為「動亂」。在這裏，我想指出，2014 年非法「佔中」結束後很長一段時間，反對派打不出什麼牌，香港因此獲得了難得的平靜期。2019 年，時任特首林鄭月娥推動《逃犯條例修訂草案》，引發了動亂，不少人批評她是動亂的主因。我認為，她的確是動亂的近因，但即使沒有這個事件，反對派也會找到其他的機會來製造動亂。自回歸以來，香港出現了教育失控、傳媒失控、法律界失控、醫療及社會工作者失控等危險情況，令香港成為一個火藥庫，只要一個火種就會發生大爆炸。這次的動亂對香港的打擊很大，令香港更加明確分化。但從另一個

角度看，這次動亂也給中央政府一個釜底抽薪、徹底改革的機會，引入《國安法》，改變立法會議員、區議員的選舉制度，反對派再也無法繼續採取合法手段對抗和顛覆政府。在這之前，反對派期望通過選舉選出立法會和區議會議員在議會中進行體制內鬥爭，同時通過鼓動群眾在街頭搞抗爭活動為議會鬥爭造勢，達致癱瘓和顛覆特區政府的目的，獲取政治本錢以抗衡中央政府。

因為嶺南大學偏安屯門，位置上沒有動員群眾、癱瘓交通、製造事端以衝擊政府的戰略價值，所以在這次的動亂中沒有吸引暴亂分子佔據校園鬧事的地理條件，僥倖地避開了像中文大學、理工大學那樣的慘痛劫難。另外，大部分嶺大學生還是愛護嶺南的，不願意自己的校園遭到破壞，這也是嶺大校園相對和平的另一個原因。但覆巢之下，安有完卵？當時校方也面臨著一個又一個危機，可謂焦頭爛額。

2019 年 7 月 21 日，參加民陣第六次遊行的人，在當晚到翌日凌晨在西鐵元朗站遭到白衣人無差別襲擊，校董何君堯被認為與此有關。針對白衣人的襲擊，一些社運人士組織了「光復元朗」遊行。該事件對嶺大的影響非常大，非常負面。7 月 24 日，包括我在內的十一位大學校長發表聯合聲明，鑑於當時香港的情況不穩定，甚至非常危險，呼籲學生不要參加「光復元朗」遊行。我們對於學生安全的關心，卻被有些別有用心的人批評為「冷血」，實在匪夷所思。

　　2019 年 7 月 27 日原來是嶺大當年計劃好的年度校友回校日，鑑於 7 月 21 日的白衣人襲擊流血事件及 7 月 27 日的「光復元朗」遊行示威活動，校方取消舉辦回校日。但有些比較激進的校友決定自己舉辦回校日。那天大概有上千名校友、學生以及其他身份不明的人士於嶺南大學永安廣場進行集會，要求特首林鄭月娥罷免何君堯的嶺大校董一職，之後更步行至黃氏行政大樓遞交請願書。校園門口的公告欄上，貼滿了咒罵何君堯的標語。其實，很多來嶺南集會的人，未必是嶺大的學生。當時激進學生們有一種鬥爭策略，就是讓學生到別的學校去鬧事，這樣他們更敢於破壞校園，而且即使被別校抓住了，該校除了報警也無法處分他們。所以，來嶺大的，應該有很多是從其他學校過來搞事的，當然也不免有一些到處鬧事的社會人士。

　　元朗發生的事情，我也非常震驚，而且有人稱涉及一位嶺大校董成員，所以非常棘手。有些建制派人士認為，任命一些很有戰鬥力的人當大學校董，就可以幫大學「擺平」學生，實際效果卻是校方與學生關係愈發緊張。在那種充滿抗爭的氛圍下，校園示威者在對我逼問足夠長時間後，終於把他們的請願信遞交給我，我與副校長莫家豪及協理副校長劉智鵬承諾，會向校董會主席建議召開特別大會，討論校友及學生們的要求。

　　之後，示威者團團圍住行政大樓，要求我們對元朗事件

表態。葉姓的前學生會會長還帶頭說，以前我們都不叫你校長，只是叫你鄭教授，但是今天給你一個機會，只要你願意做一件事情，我們以後都會叫你鄭校長。我問：「做什麼事情？」他們說：「你給其他七所大學的校長打電話，請他們一起去元朗參加遊行。」我說：「你們這麼說就太不對了，你們不是經常說要捍衛院校自主嗎？我怎麼可以給其他學校的校長打電話，干預他們的事務呢？他們自有他們對元朗遊行的立場，我絕對尊重，所以絕對不會給他們打電話！」

　　他們跟著說：「你們校長們在冷氣房裏搞這個聲明，那個聲明，你們可知道我們在外面示威的人有多麼辛苦？」他們邀請我去元朗參觀他們的示威活動，以證明我是否關心學生的情況。我跟副校長及協理副校長商量要不要去、怎麼去、去做什麼。那天我當然可以拒絕，但是這可能會讓校方陷入被動，影響校園安寧。討論結果是不妨去元朗示威的現場觀察一下，但聲明我們不是參與遊行。我一表示願意去，馬上就有人給我們遞上了兩樣東西，一是頭盔，二是黑色背包，我一把就推開了。他們說這些東西會保護我，我說我又不是跟你們一夥去元朗遊行示威的，不需要這些東西保護，真的有危險，這些東西也無法保護我。

　　我和副校長、協理副校長下午3點多到朗屏西鐵站。我馬上對在場的記者發表聲明：我們只是來觀察學生參與遊行示威的環境，不是來參與遊行示威。當時大批黑衣人士，手

持「驅逐何君堯」、「保護鄭國漢」等紙牌，還有人喊「保護校長」。我跟他們說，我只是來觀察，不是來參加示威，不需要保護。

在觀察全程中，我接受記者們大約四次的採訪。我向他們表示，今天下午，有校友、教職員和學生向我遞交一份請願信，要求撤換某校董，我會將信件轉交至校董會，並會請求校董會考慮就學生要求稍後召開特別會議。我之所以來這裏，是因為有學生表示他們決意到這裏參加示威活動，並邀請我觀察他們示威的場所，來親身感受現場情況。我說，作為一個校長，最緊張就是校友、師生的安全，所以我不厭其煩提醒大家不要去有危險、有衝突的地方，要注意自身的安全。

我跟他們強調，今日並非參與遊行示威或表達意見，只是希望提醒在場人士都要注意安全。我只是一個體弱的老人，沒有能力保護他們。真正能保護他們的是他們自己。如果遇到任何危險，希望大家趕快抽身離開現場。我聽到「保護校長」的口號，但我不是，也不應該是焦點，焦點應該是和平表達意見，同時注意自身的安全。我反對任何形式的暴力。同時，學生應該要像我們嶺南大學的核心價值之一所提倡的那樣，「慎思明辨」，對任何事情，都要注意是否有證據、是否符合邏輯推理，還要聆聽各方的意見。為了保證記者不會錯誤報道，我每次接受採訪都重複同樣的話。

　　我跟現場的學生說：「我不需要你們的保護，我也無法保護你們。」有學生說：「你是有能力保護我們的。」我問：「我如何保護你們？」他說：「如果前面有警察衝過來，你只要站在中間擋住就可以了。」他們的想法多麼幼稚，居然想把我當作他們的炮灰！後來，據說現場有人開始拆鐵欄搞事，我和同事就離開了，在元朗現場逗留時間總共大概三十分鐘。

　　我這次去了元朗後，有些校長不太高興，因為我給了他們壓力。科大的學生也要求他們的校長去發生學生墮樓事件的地方視察，使得科大校長很為難。但我後來跟他們解釋，因為 7 月 21 日發生的暴力事件就在離嶺大校園不遠的元朗，而且有些學生跟我表示他們很害怕，我不能沒有同情心，因此我確實必須親自去一次元朗進行觀察，並在現場提醒學生不要犯險。

　　有部分嶺南教職員工感謝我去元朗，把火頭帶走了，使得校園的氣氛得以平靜，他們的工作少一分擔心。據說我們一去元朗，校園就一下子變得很安靜，沒有人破壞校園，說明我的決策是正確的。當時，我們很怕他們佔領辦公樓或行政大樓。如果他們真的那麼做，我們是無法阻止的。香港的保安，跟美國或中國內地的保安不一樣，都是一些老人或女性，我們還要保障他們的安全，如何指望他們用武力對付那些企圖破壞校園的人？

〈「慎思明辨」才是 Critical Thinking 的正確稱謂（上篇）〉（2021 年 1 月 18 日）

〈「慎思明辨」才是 Critical Thinking 的正確稱謂（下篇）〉（2021 年 1 月 25 日）

仍不罷休

　　2019 年 9 月 4 日，林鄭月娥透過錄影發表講話，宣佈政府將正式撤回《逃犯條例》（一個多月後保安局局長李家超於 10 月 23 日在立法會宣佈正式撤回該修訂條例），但強調不會成立關於警方應對抗議活動的獨立調查委員會。9 月 5 日，嶺大有學生發起「罷課不罷休」行動。當天下午，有超過三百名黑衣人於永安廣場集會，其後圍繞校園遊行，

並向校方遞交請願信，要求我跟學生會面並接信。傍晚 6 時 40 分，我跟學生對話。我表示，嶺南大學校董由政府委任，學校無權罷免校董，只有校董辭職才可免除其職務。但我告訴他們，校方已去信教育局，要求與局方會面，又指事件進入法律程序，故校董會未能就事件有任何回應。我最後答應會以電郵方式回覆學生訴求，而學生亦同意改以電郵方式遞交請願信。

9 月 18 日下午 3 點鐘，我在校園「天幕」下出席「校長－學生」公開論壇，這是我印象最深刻的對話之一。論壇大約有四十名學生出席，其中小部分戴黑頭盔穿黑衣服，原定兩個小時的論壇因為發問踴躍延長了三十分鐘才結束。在我簡單介紹大學 2019－2025 年度策略發展計劃之後，我特別強調了嶺南的核心價值。嶺大不但維護所有師生的學術及言論自由，而且要求所有人必須為自己的言行負責，這是嶺大的核心價值之一。我也特別指出另一個核心價值 ——「慎思明辨」的重要性。它要求嶺大師生在得出結論之前必須以縝密的思考態度加上適當的分析方法，才可以得到合理的結論。在這個心不平氣不和的大環境下，慎思明辨的重要性不言而喻。

最後就是回答出席學生最關注的一系列問題（前面的問題是問答環節開始之前甚至論壇召開之前幾天收到的書面提問），從香港當時的紛爭、飲用水質量和打印紙張津貼額度

等共十四項。其中第一項就是有關校董會成員何君堯涉嫌與
7.21 元朗無差別襲擊途人事件有關以及他在網上發表疑似
侮辱女性的言論。有學生要求我譴責何君堯，並要求校董會
罷免他的一切職務，並禁止他進入嶺大校園。我還是那樣回
應，大學校董由政府任命，校董會無權罷免校董。對於何君
堯在網上的言論，我直言「絕對不能夠認同」。但我也表示
不同意「表態文化」，故不會高調譴責任何人。每天都有不
同的事情發生，難道我需要對每件事情都表態？我強調，校
方已明確「割席」，表明個別校董的言行不代表嶺大。對於
何君堯嫌疑涉及 7.21 元朗事件，我表示，早於 7 月校方已
去信教育局表示關注，局方也已回覆稱事件已按法律程序處
理，故不宜繼續評論。有學生要求先凍結何君堯的職務，我
重申，校董會沒有權利這樣做。我全程處於夾縫當中，壓力
很大。支持激進學生的罵我，支持何君堯的也罵我，我坐在
這個位置上，很難做。但我知道，如果雙方都罵我，那我所
做的決定可能就不會太錯了。

　　第二項是有關「五大訴求」。我說香港很多人支持「五
大訴求」，但同時很多人也反對「五大訴求」。在這種情況
下，政府根本不可能順應支持者的要求。此外，訴求只能是
尋求妥協方案的基礎，不應該是給政府下命令。我之前也曾
經建議政府撤回逃犯條例修訂草案，但我基本上不支持這類
命令式的訴求。不過，我贊成立法會梁美芬議員的建議，即

參照英國當年倫敦暴動後的做法，調查該事件有何地方需要改進，而不是只針對其中一部分涉事人士，包括反政府勢力所要求的「徹底追究警隊濫權情況」。我說，香港最需要的是大智慧，即找到大多數人都可以接受的妥協方案的智慧。還有，政府必須有決心解決多年以來香港積累的政治、經濟和社會深層次矛盾。至於「解散警隊」的所謂第六訴求就更加無稽，不可能接受。因為沒有警察，實際統治香港的將是黑社會和其他暴力組織，我們這些斯文人在叢林法則下一定受苦，我堅決反對。

　　雖然我的答案並非激進學生所期盼的，但也沒有聽到罵聲，更沒有聽到對我不利的威脅。論壇涉及的其他非學術、無關正常學生生活的問題包括對被捕學生的法律及輔導支援、校園安全措施、部分學生對我於 9 月 9 日所發電郵的「七大訴求」等等。最後的八項提問和討論都是有關學生正常生活和學術的問題。在討論無線網絡質量、共用電腦房開放時間、飲用水的質量檢測、打印紙張的津貼額度這些具體問題時，明顯再沒有前面討論政治問題時的張力了。

　　同年 10 月 1 日，我受邀去北京參加七十週年國慶閱兵儀式。傍晚觀看國慶聯歡活動的時候，我收到學校發來的訊息，被告知有嶺大學生在校園的青山公路大門口用長竹枝及路旁拆下的鐵欄堵路。我要求負責學生事務的同事通知學生，馬上停止堵路，恢復交通，保護校園。因為一旦堵路就

會有警察過來清除路障，然後就有可能發生衝突，最後有機會將衝突引入校園，對校園造成破壞。好在嶺大的學生還是相對理性的，對大學有感情，愛護校園，很快就清除了路障，避免將不必要的衝突引入嶺大校園。

在那事件之前，也有其他例子證明即使參加運動的學生也是愛護校園的。曾經有外面的暴徒建議可以「班馬」（糾集一批人的意思）非嶺大學生暴徒來嶺大一起破壞校園，都被嶺大學生婉拒了，令校園逃過浩劫，除了後來美心集團經營的飯堂所遭受的破壞。

在持續的風波中，不少中資或曾支持警察、反對暴亂的商舖亦遭破壞，當中美心集團旗下的食肆更是首當其衝。2019 年 10 月 10 日，嶺南大學有學生發起「和你塞 Canteen」行動，號召其他嶺大學生抵制在「泰寧堂」由美心營運的飯堂，並且用身體阻擋其他人進出飯堂。大學不允許學生用肢體暴力來抵制飯堂，所以學生還是能夠進入飯堂用餐。後來，美心營運的這個飯堂還是被砸了。那件事情發生在 11 月 13 日凌晨 1 點半左右，是大約二十至三十個黑衣人進校園幹的「好事」，不知道其中是否有嶺大自己的學生，因為他們都戴著頭盔和面罩。這也是動亂期間嶺大校園遭受的唯一重大損失，是不幸中的萬幸。

11 月 11 日，有人發起「三罷行動」（罷工、罷課及罷市），對政府表達不滿，超過十所大學當天宣佈停課。12

日，香港中文大學發生激烈衝突。13 日，香港理工大學亦發生激烈衝突。我在嶺大住處的攝像頭也被人噴上油漆，導致失靈。為了自身的安全，我去附近酒店住了兩個星期。

到了 15 日，因為外面交通堵塞，社區持續出現騷亂情況，學生對自身安全越來越擔憂。因此，繼中文大學、香港大學、城市大學宣佈中止本學期課程後，嶺大也決定即日起中止本學期餘下所有面授課堂，改為網上學習及評估。針對本港多所大學相繼被黑衣人佔據甚至接管的情況，八所教資會大學加上當時的公開大學在 15 日晚上發表了聯合聲明，我也在上面署名。聲明指出，香港正處於四分五裂的局面，不同社會團體、政黨以至家庭、朋友之間均有極大分歧，過去一週某些大學已被示威者所控制，校園內的有毒化學品遭拿走，事件對大學造成最根本挑戰。任何政治觀點，都不能成為肆意破壞財物、威脅他人安全以至使用暴力的理據。令人遺憾是當前的社會紛爭已令大學校園化身為政治角力的場所，而港府也未能有效化解危機。任何認為大學可以化解這場危機的期望都是不切實際的，因為極其複雜而艱難的困局並非由大學造成，亦無法透過大學紀律程序來解決社會動亂。港府必須牽頭聯合社會各界，以迅速且具體的行動來化解這一政治僵局，恢復公共秩序和社會安定。

這個聯合聲明是由九所大學多人合作寫成的。其中講到社會動亂不是學校自身的問題，而是廣泛的社會政治問題的

集中反映，這個結論可想而知港府是不樂意聽到的。但校長們覺得這是恰如其分的聲明，我們確實無法解決這一動亂，甚至無法保障自身的安全。

一直以來，校董會很少發佈聯合聲明，但在動亂蔓延至大學校園的時候，校董會主席們也開始發佈聯合聲明了。他們一般都站在政府的立場上，與校長們的立場雖然稍有距離，但原則上我們的立場是一致的，我們都是反對暴力的，包括校園內的暴力活動。

11 月 16 日，嶺大向學生及員工發特函，題為「反對一切暴力，以禮貌理智戰勝憤怒」。特函指出，嶺大面對學生被捕、公共交通混亂、校園設施被毀，情況失控，「實在令人感到無奈、心痛。作為文明的嶺大人，我們必須依法行事，亦堅決反對一切暴力行為，不論背後的動機為何。讓我們對自己承諾，以禮貌和理智戰勝憤怒，用關懷與愛心克制暴力」。我們表示，大學最重要的任務就是為師生提供自由開放的環境進行學術活動，校方一直尊重同事、同學和平理性地表達意見的權利，亦忠告各位時刻以個人安全為上，遠離危險地方和違法活動。

之所以發佈這個特函，是因為校方必須對當時愈演愈烈的暴力行為有一個說法。我們自己學校的特函，在措辭上可以自主，只要內部同意即可，不必跟其他大學的校長商量。這樣的聲明，一些大學當時不敢發出，因為他們的學生會比

較兇。當然，可想而知，對於我們的特函，憤怒的反政府抗議者大概也是聽不進去的。

2020 年 6 月 1 日，我和港大、中大、理大、教大的校長們一起發出五校聯合聲明，表示安全穩定的社會環境對香港的長遠發展非常重要，完全支持「一國兩制」，理解訂立國家安全法的必要性，並珍惜基本法所保障的言論、新聞、出版及集會自由等權利。可能有人會認為我轉變了立場，因為我當年到嶺大時，面對學生的「審判」，我說自己不支持當年的第二十三條立法。其實，我當年並不反對為國安立法，只是不同意當年第二十三條立法中的某些過分的細節，例如缺乏正當合理程序。作為大學的管理者，我認為國安法是完全有必要的。事實上，哪個國家沒有國安法？香港必須有一個法律的框架，保護大學不受以前那種衝擊。當然，只要不觸犯法律，學術自由應該繼續受到保障。

《港區國安法》通過之後

2019 年 12 月，武漢出現的新冠病毒迅速散播至全國，並擴散至香港乃至全世界。為了師生的安全，同時保證教學的順利進行，嶺大的很多課程採取了網上教學或混合教學的方式。後來某些國家的研究發現，網上教學效果不好，學生

求知慾減弱，在網上教學形成的壞習慣，即使在恢復面授後有時候也無法改掉。因此，嶺大堅持混合教學，而不是單一的網上教學。

2020 年 6 月 30 日，全國人民代表大會通過《港區國安法》，香港立法會將其引入《基本法》附件三直接在香港實施。翌日 7 月 1 日，《港區國安法》生效，香港社會迅速平靜下來。

2020 年 11 月 19 日，嶺大舉行網上畢業典禮，我在致辭時談及暴亂後社會撕裂，直言有些學生和老師放縱情緒並讓情緒支配行為，摒棄理性思考，忽視證據且否定妥協，非常危險。加上社交媒體的陰謀論及虛假信息泛濫，令部分人受慫恿而參加反社會行為，過去兩年是對文明社會準則的背離。以往和平理性的表達方式被拋諸腦後，取而代之是偏執、仇恨、極端思想和暴力。如果學生的表達符合邏輯、論據充足且行為合法，那發表較為偏激的言論也不成問題，但如果只是盲從附和，跟群眾歇斯底里地發洩，真是令人擔憂。

我認為動亂的起因之一，就是那些不受監管的社交媒體，部分人因日復一日接收煽情的假消息，而變得激進和偏執一端，加上網上的陰謀論泛濫，歪曲事實，捏造指控。死亡傳聞就是其中一個例子，即使死者家屬現身澄清與反政府示威者所指控的罪行無關，示威者仍不肯接受。我認為應首先認清虛假與實情，認清謊言與真相，寄語畢業生在發送社

會或政治消息之前，應先查證，同時協助社會和解與復原。同時，我也促請決策者與學者、教育工作者與「幻想破滅的青年領袖」坐下來，尋求解決方法，避免社會動亂重現。

2021 年 4 月 29 日，我出席由行政長官林鄭月娥主持的「選舉界別分組面面觀」論壇，我直言 2019 年的香港是處於瘋癲狀態，同時肯定了「完善選舉制度」的必要性。「愛國者治港」當然是應該的，你能想像「不愛國者治港」嗎？當然，所謂「愛國者」中，現在可能出現一些機會主義者、「突然愛國」之人。但是，真正的愛國者治港，那是肯定需要的。泛民中，一部分人也是愛國者，比如民主黨中的某些人。但反政府運動的組織者有一部分是要求獨立的，甚至勾結外國勢力，謀求外國政府打壓中央政府、顛覆香港政府，顯然不符愛國者的要求，當然不能參與治港。

2021 年 12 月 24 日凌晨，嶺南大學和中文大學分別移除了校園裏有關 1989 年政治風波的浮雕和「民主女神像」。此前的 12 月 22 日，香港大學於深夜派工程人員拆卸了「國殤之柱」，但嶺大拆掉浮雕不是因為港大已經做了，我們就跟著做同樣的事情。拆掉浮雕的主要考慮是今後如果有人利用它在校園裏鬧事，嶺大肯定要負上責任。為了保障大學社群的整體利益，校方必須重新檢視和評估校園內所有可能構成法律與國家安全風險的物品，這是管理並降低風險的必要措施。

　　除了在本科生必修課「構建香港」中安排學生學習有關港區國安法的基本知識以及舉辦國安法講座給大學所有師生和職員參加學習之外，嶺大也決定自 2022 年起每天都在校園升國旗，每週都舉行升旗禮，作為推廣國民教育的一部分。作為香港第一所成立升旗校隊的大學，嶺大希望能藉此培養學生的國家認同及愛國情操。

　　2022 年 5 月，大學決定收回學生會會址及轄下所有設施，要求月底前遷出，但事實上給予更長的時間完成。為什麼要這麼處理？因為這十年以來，學生會已經異化了。學生會熱衷於政治運動、搞革命、搞顛覆性活動，包括發佈煽動性反華和反香港政府的言論，卻疏於最基本的學生服務，如拒絕舉辦傳統上由學生會舉辦的全校運動會。大學的任務是提供良好的學習環境和條件並鼓勵學生勤奮學習，而大學生的任務就是在大學裏好好學習，為自己將來的事業作準備，令自己將來有本事為社會作貢獻，而非主次不分，把時間用來搞政治運動。學生當然可以也應該關心社會，包括政治，但不是搞顛覆性的政治活動，這些活動在所有國家都不會被允許。作為校長，我的責任就是在混亂時代保障學生學習的機會與權利。

　　既然學生會已經異化，大學為何還要用以前的做法來支持他們呢？位處劉李婉嫻康樂樓二樓的學生會辦公室在收回之前，裏面是一團糟。如果消防局來檢查，不知道大學違

反了多少條消防條例呢！大學職員進去學生會辦公室檢查，發現裏面堆滿垃圾，甚至留下多個星期前的盒飯，還有超市購物車等等。此外，學生會辦公室門口高樓底（直達三樓樓底）的空間堆了很多極不整齊的物件，觀感極差。大學多次提醒學生會處理，但雜物堆依然在那裏屹立不動。所以，大學在三樓舉辦學術論壇時都必須用屏風遮擋令人厭惡的雜物堆，避免影響參與者對嶺大的觀感。

　　我決定不會再給學生會永久的設施。我的理念是設施共用，類似商界的 WeWork，他們需要用設施的時候就向大學申請。有重要文件當然可以給他們櫃子鎖起來，但不會因此給予個別學生組織專屬辦公室。所以，收回學生會的設施，首先是讓這些設施得到更充分的利用。第二，學生會認受性太低了。校方不再替學生會收取會費後，它的代表性下降至 10％ 以下，還值得校方給他們那麼多物質上的支持嗎？況且，嶺大還有其他很多學生會，包括成立不久的研究生學生會，還有內地學生與學者聯誼會等。任何一個學生會，包括以院系為基礎的院會、系會或者是以興趣為基礎的學生組織，有什麼設施方面的需要，都可以直接向學生事務處申請，大學會按需要公平分配。

　　學生會本來應該擔當學生與校方之間的橋樑，另外好好地實行學生自我管理。但是，很早之前嶺大學生會會長就告訴我，學生會不是橋樑，也不想當橋樑，他們是來監督大學

管理層的。我就坦白告訴他們，作為校長我接受全社會的監督，但我的上司是校董會，不是學生會。我一到嶺大就明確告訴他們：「我會包容你們不同的意見，照顧學生的利益，我會認真考慮你們的意見，或者把你們的意見反饋到校董會，由校董會決策。但你們必須搞明白，不是你們支持什麼我就必須做什麼，不是你們反對什麼我就不能做什麼。」

在校董會的領導下，大學於 2023 年向政府提議修訂《嶺南大學條例》，經修訂後的嶺南大學條例於 6 月 21 日在立法局三讀後通過，並於 6 月 30 日刊憲立即生效。其中的重要部分就是把「嶺南大學學生會」從大學條例剔除，所以之前它享受的法定地位已不復存在，其會長在校董會、諮議會和學務會的當然代表身份自然也會失去。它將來能否回歸初心，成為誠心服務學生、積極擔任學生與校方之間橋樑的學生組織，就看它將來的幹事會和代表會的選擇了。假如它影響嶺大的聲譽，那連它的名稱當中「嶺南大學」的部分，大學都有權不給它繼續使用。

在這十年裏，作為校長，我真摯為學生的教育和成長勞心勞力，但從來不特意討好激進的學生。我也發現，特意討好激進學生的校長，最後都沒有好下場。

我想為嶺大做的事情已做完了

　　2023 年 8 月底，我已完成十年的校長任期。校董會給予我的工作高度評價，認為我對嶺大的發展作出了「重大貢獻」，「展現了超卓的領導能力和遠見，帶領大學在多方面創出高峰」。教資會主席唐家成指我在任內致力發揮嶺大在博雅教育方面的獨特傳統，深獲嶺大學生及畢業生認同，亦致力推動嶺大多元發展，尤其是倡議以關愛及社會影響力作為研究方針，展現超卓的領導能力和遠見，帶領嶺大成為一流的博雅大學。對於校董會及教資會的支持和鼓勵，我衷心感激。

　　在所有嶺南人的共同努力下，十年之後的嶺大昂然以優質教育和高影響力研究躋身世界大學的前列。通過實施 2022 至 2028 年度策略發展計劃，大學具備優越條件在未來再創佳績。我很榮幸有機會與志同道合的同事們一起實現讓嶺大成為世界和亞洲首屈一指博雅大學的願景，亦衷心感謝大學校董會和諮議會的英明指導和全力支持。我真誠祝願，嶺南大學未來再創高峰！

跋

毛升

　　做口述史之前，我對鄭國漢校長的人生軌跡幾乎一無所知，倒是對他的有些作為有不解之處。透過口述史的訪問、考證和撰寫，我才開始走入鄭校長的世界，了解嶺南大學，還有香港最近十年所走過的路。

　　2019 年 8 月下旬，我入職嶺南大學時，「反修例運動」已經進行得如火如荼。因為嶺大偏處屯門一隅，工作面試亦在網上進行，本人一直未曾踏足嶺大。正式入職前夕，出於好奇，特意舉家探訪嶺大校園，倒是吃驚不小。只見校門入口處的佈告欄及牆上，貼滿了各種標語口號，針對一位何姓校董。本人剛從臺北的中央研究院做完博士後回港，對香港發生的一系列政治事件的來龍去脈所知有限，但入眼的情景卻讓我頗為失望——這就是我即將加入的大學嗎？

　　8 月 29 日的入職培訓上，我第一次見到鄭國漢校長，他就坐在我的身邊。他鼓勵新進教師要努力工作，認真教學。他說自己在香港中文大學讀書時，因為一位老師愛好教學，循循善誘，激發了他的讀書熱忱，才有今日。此番發

言，無疑給我留下了印象，但當時也只當是應景之語。做了口述史，才知道大學時代確實有一位來自臺灣的老師成為鄭校長一生中的貴人，左傾青年鄭國漢因此重燃對經濟學的熱情，走出了厭學情緒。當年我聽到的，不是客套話，而是校長的肺腑之言。

之後，香港的政治運動愈演愈烈，校園裏已無法放下一張平靜的書桌。我在嶺大的教學也遭遇困難。學生無心向學，熱衷政治活動。課堂討論時，本地學生與內地學生彼此不願合作，議題一旦涉及正在發生的政治運動，有的內地學生會緊張，擔心與本地生發生衝突。甚至不同政治立場的本地學生，亦會在課堂發生爭執。校園裏瀰漫著一種緊張的氣氛，一些穿黑衣的學生在校園裏穿梭，口號聲令人心驚膽戰。誰也無法預料，接下去會發生什麼，似乎一切都有可能。為了學生的安全，該學期最終以停課收場。因為本人來自內地，儘管課堂上我多次表明反對港獨，反對暴力，但支持民主，期末時仍有幾位學生給我的評語是「go back to China」，還特意再用中文強調一次——「滾回中國」。我注意到這段時間鄭校長頻繁地出現在飯堂，主動與員工或老師交談，十分親民。但我相信，作為校長，處在風暴眼中，他必須面對各方的壓力，一定常有進退維谷的時候。口述史對鄭校長如何處理政治風波有詳細的描述，但歷史書寫彷彿「倒放電影」，總是以後見之明重構過去，那些「未走之路」

（the road not taken）就不再提及，難免會忽略過程的複雜性與偶然性（contingency）。

2020 年 6 月 30 日《港區國安法》實施後，校園迅速平靜，但維持大學的學術自由又成為大家討論的議題。我在嶺大教授中國史，其中一些議題也因變得「敏感」，亟需校方的指引。有一次在飯堂偶遇鄭校長，他特別移步到一張坐著幾位內地生的飯桌上，用普通話跟其交談。我則趁機過去向鄭校長請教，在國安法下中國近代史該如何教？嶺大學術自由的邊界在哪裏？他告知，只要不鼓吹港獨，不鼓動學生上街反對政府，課堂上什麼都可以講。他的回答讓我如釋重負，也認識到校長仍努力在《國安法》許可的範圍內維護學術自由之最大化。我還跟他請教了其他一些相關的問題，儘管他的有些觀點我並不同意，並與他有些爭論，但他不曾居高臨下，願意坦誠交流的態度，讓我感激。

給鄭校長做口述史，並非我的想法，而是由嶺南大學環境史和經濟發展研究中心主任劉光臨教授和助理主任張雷教授提議。因為我是中心的特聘研究員，且剛完成「香港左派子弟口述訪談計劃」，有做口述史的經驗，於是該項目由我負責執行。從 2022 年 11 月 28 日開始，我們三人對校長進行了四次長時間的訪談，之後由我整理錄音，考證事實，再撰寫成文。每一篇初稿完成後，鄭校長都會在百忙之中抽時間修改、訂正。跟鄭校長的合作非常愉快，約好的訪談，他

從不遲到早退，每次都會慷慨地多給一些時間。他有問必答，態度誠懇，這亦讓我們對他所談內容的真實性有了信心。我每次寄給他的電子郵件，他總能及時回覆，有時在深夜，有時在旅次中。對於這份口述史，鄭校長非常認真對待，反覆修改，一稿、二稿、三稿，一個細節都不放過。香港科技大學的創校校長吳家瑋教授閱讀稿件後，提出了很多重要的修改意見，他據此又做了一些修改。我曾請教劉光臨教授，為何起意給鄭校長做這份口述史，他回覆是因為對校長的尊重。跟校長合作中，我亦逐漸對他產生了這份尊重，亦因此學到了很多做人、做事的道理。

鄭校長的口述史既是個人的自傳，亦是一份時代的記錄。孔子曾說：「文獻不足故也，足，則吾能徵之矣。」其中的「獻」便是指「口述」、「回憶」，歷史當事人的口述回憶亦為歷史的重要根據，可補充文字材料的不足。鄭校長的口述史無疑是有史料價值的。

最後，感謝本書編輯林冕、江其信對我們不厭其煩的修改保持耐心。

2024 年 4 月

責任編輯	林　冕　江其信	
書籍設計	道　轍	
書籍排版	楊　錄	

書　　名	港人自講 —— 鄭國漢口述自傳
撰　　寫	毛　升
出　　版	三聯書店（香港）有限公司 香港北角英皇道 499 號北角工業大廈 20 樓 Joint Publishing (H.K.) Co., Ltd. 20/F., North Point Industrial Building, 499 King's Road, North Point, Hong Kong
香港發行	香港聯合書刊物流有限公司 香港新界荃灣德士古道 220-248 號 16 樓
印　　刷	美雅印刷製本有限公司 香港九龍觀塘榮業街 6 號 4 樓 A 室
版　　次	2024 年 7 月香港第 1 版第 1 次印刷
規　　格	大 32 開（140mm × 210 mm）200 面
國際書號	ISBN 978-962-04-5423-3

© 2024 Joint Publishing (H.K.) Co., Ltd.

Published & Printed in Hong Kong, China